認知症パラダイムシフト

～究極の「n=1」を創造するケアメソッド～

豊泉家ヘルスケアグループ
社会福祉法人 福祥福祉会
理事長
阿久根賢一 著

AKUNE Kenichi

Paradigm shift in dementia

プレジデント社

はじめに

認知症を有する方の「生きる本能」を引き出す究極のケア——これを提唱したのが、2020年9月に上梓した拙著『認知症イノベーション〜一人ひとりの〝パラダイス〟を創造するケアメソッド〜』(プレジデント社)です。

「認知症パラダイス」とは、認知症を有しても一人の人として尊厳が守られ、自分の存在や言動が尊重され、可能な限り自由を謳歌できる場のことです。これを実現するための、まったく新しい認知症ケアのあり方を示したのが『認知症イノベーション』でした。私たち社会福祉法人 福祥福祉会が運営する老人ホーム「豊泉家《ほうせんか》」での豊富な事例と経験、またそこから紡ぎ出した知見やノウハウをもとに打ち立てたメソッドを紹介するもので、ありがたいことに発刊以来、大きな反響をいただいてきました。

特に豊泉家を利用される方のご家族から、

「豊泉家のケアは一見突飛に見えるが、その意味と必要性が改めてわかった」

「ここに入居したら家族が元気になったが、その理由がわかった」
といった感想が数多く寄せられています。

その中の一通を、ご本人のお許しを得て紹介させていただきます。『認知症イノベーション』において、夜間に居室から出てきてソファで眠ったり、手づかみで食事をしたりといった行動をされる山本珠江（仮名）さんをご紹介しましたが、その山本さんのご家族からのお便りです（抜粋して一部改変させていただきました）。

『認知症イノベーション』を読み、母が温かで親切なお世話を受けてきたことがよくわかりました。夜中に部屋から出てソファで寝ていたり、手づかみで食事をしたりと、とても手のかかる状態だったのですね。本を読んで、スタッフの皆様が認知症の方たちに対しても、その尊厳を重んじる仕方で接してくださっていることがよくわかりました。洞察と忍耐と辛抱強さのいることで、本当に頭が下がります。

本書の「介護・支援の専門家として、自らに警鐘を鳴らし続けること」の部分は、とても納得させられました。私自身、頭の中に常識とか普通と捉えている価値観があって、母がそこから外れている行動をしないように注意していました。それが私にとってしんどかっただけでなく、母にとってもつらかったのだろうなあと、今になって理解し、反省しています。

さらに、この本から、私の母のように認知症の症状が進んでいる人でも、自分がどのように扱われているのかを感じ取ることができると知ることができました。「自分から進んで人を敬うこと」の大切さは理解しつつも、実行はなかなか難しいものです。豊泉家さんでは全体でそのような取り組みがなされていて、本当に素晴らしいと思いました。本全体の土台に「敬意」というものが流れているのを感じ、感動しました。

こうしたご意見・ご感想は、私自身はもちろんのこと、豊泉家のすべてのスタッフにとっても励みとなるものです。改めて山本さんのご家族をはじめ、感想を寄せてくださった皆様に感謝を申し上げます。

一方で、出版を機に改めて気づかされたことがあります。それは、「認知症を有する方を介護する家族の支援」と「認知症ケアにおける専門職の育成」の大切さです。まだまだ日本では認知症を有する方への適切なケアがなされていない場合も多く、またご家族への支援も十分ではありません。だからこそ、拙著への反応がこれほど大きかったのではないか。その思いがぬぐえなかったのです。

この気づきから、豊泉家では2021年10月に、認知症を有する方をケアする家族の会「グリーンオアシスの会」を立ち上げました。認知症に対する理解を深め、身近で支える家族だからこそ感じる苦悩や葛藤などを語り合い、共感し合う、勉強と座談の場です。開催は月に1回で、毎回のように参加される方もいれば、単発で参加される方もいらっしゃいます。

私たちにとってもさまざまなご家族とコミュニケーションを図り、それぞれの思いを聞かせていただける貴重な場となっており、ここでは次のようなご意見が多く聞かれるのです。

「家族はストレスが溜まる一方でつらい、発散の場がない」

「本人に厳しく当たってしまうことに罪悪感があり、それがまたストレスになる」
「周りを困らせることをわざとやっているのかと思い、腹立たしくなる」
「元気だった頃の親とつい比べてしまう」
「できないことが甘えなのか認知症ゆえのものなのか、判断が難しい」
「何度伝えてもわかってくれないのでイライラしてしまう」

これらの意見や思いはほんの一部であり、実際には親子間や夫婦間など、さまざまな関係性の上に、こうした悩みが連日引き起こされているのが現状です。

お話を伺いながら思うことは、当然ではありますがご家族は認知症ケアに関する知識や技術を断片的にしか持たれていないということです。そして、家族という身近な関係であるからこそ、認知症を有する方をどうしても主観的に見てしまい、結果として感情を刺激されてしまう。これは家族という濃密な関係性ゆえの、ある程度致し方のないことと思います。

問題の本質は、周囲の人を巻き込めておらず、孤軍奮闘せざるを得ない点にあるのではないでしょうか。一人で介護を背負っている、あるいは狭い家族の中でしかサポート体制が築けていない。問題の根幹はここにあると思うのです。

介護が閉鎖的になっていることで、結果として、

「自分の周りで起きている困りごとは特殊なことで、人に言うと恥ずかしい」

「自分がきちんとケアをしていないと思われてしまうのではないか」

といった負の感情が沸き起こる。それがご家族自身を苦しめる元凶になっていると感じます。


こうした率直なご意見を伺うことで、認知症の方自身のケアに加えて、家族支援がいかに必要かを痛感しました。また、ご家族にもわかる形で私たちのケアの理念や方法論をお伝えすることは、認知症ケアの専門職の育成にも必ずや寄与するはずという思いも強くしました。

本書をしたためた理由は、まさにここにあります。前著の発行以降に得られた新たな知見やノウハウを反映し、「認知症パラダイス」を実現する最新のケアを体系化して提示する。それによって、日々認知症ケアに向き合うご家族の皆様、専門職の皆様が、少しでも穏やかな気持ちでケアに向き合えるように――。そのような願

認知症を有する方をケアする家族の会「グリーンオアシスの会」

いを込めて、本書を上梓した次第です。

豊泉家を利用される前は、「認知症を有する家族とどう接すればよいのかわからない」「ストレスで自分たちもつぶれてしまいそう」など、深刻な悩みを抱えておられた方もいましたが、認知症への理解が深まって適切なケアができるようになったり、適度な休息もとれるようになったことで、ご本人・ご家族ともに素敵な笑顔を取り戻されました。また、「最近、お父さんへの尊厳を忘れかけていたけれど、勉強会を通して改めて大切なことを思い返すことができた」と言う方もおられました。

私たちがそのお手伝いをできたことを

誇らしく思うと同時に、ケアする側の働きかけ次第で認知症を有する方の「生きる本能」が再び芽吹き、大きく花開いていくさまを目の当たりにして、私たち自身もしばしば驚かされます。

認知症ケアとはすなわち、「認知症になっても豊かに暮らす」方法を探り、実践していくことに他なりません。認知症を有する方が苦痛やストレスなく、その状況に応じて自立した穏やかな生活を送ることで、支援する方々のストレスも軽減され、家族との関係の再構築にもつながっていく。私たちはそう確信しています。

認知症という課題を、本人の問題行動にのみ焦点をあて対応するというその場限りの〝点〟だけで捉えるのではなく、本人を取り巻く環境やその方が過ごしてきた生活歴にまで目を向け、介護にとどまらず生活全般を医療や家族、地域の方々など皆で支える仕組み、すなわち〝面〟で捉える「認知症コンプレックス（複合体）」の発想が、今こそ求められています。不可逆的な認知症であったとしてもあきらめず、まずは受け入れる。そして、周囲の皆で本人の状況に応じた環境を整える。

その先に、認知症を有する方も、そうでない方も、誰もがいきいきと自分の人生を謳歌できる素晴らしい社会が待っていることでしょう。

しかし、実際には認知症パラダイス実現の道のりはまだまだ遠いかもしれません。なぜなら、認知症ケアは後に紹介するように認知症ケアメソッドを当てはめれば簡単にできるものではなく、認知症の方が100人いれば100通りのケアがあるからです。すなわち、認知症ケアの成果は個々の特有のものであり、「n＝1」の追求の先にあるのです。一人の方へのアプローチがうまくいったからといって、必ずしもほかの方にそのアプローチがうまくいくというものではなく、日々一人ひとりと地道にコツコツと向き合い続けるしか方法はないのです。それが在宅ではなく、老人ホームであれば同時に複数の方と。

このように、たとえ同じ答えがなくとも、日々多くの認知症の方と向き合う現場では認知症の方からたくさんの大切なことを教えてもらいながら、一人でも多くの方が認知症による不安や苦しみから解放されるよう認知症ケアを創造し続けています。

2020年時点で認知症を有する方は631万人、そして2060年には1154万人に増加するといわれています。こうした中、本書で紹介する認知症ケアメソッドを一人でも多くの介護者に活用いただくことで、一人でも多くの認知症の方の「n＝1」の創造に寄与することを切に願っております。

目次

第二章 新たな認知症ケアを知る

第三章 「ロジカルケア」実践の心得

第四章 「ラテラルケア」実践の心得

第五章 「インテグレイティブケア」実践の心得

第六章 認知症ケアの新時代へ

※本書は、前著『認知症イノベーション～一人ひとりの〝パラダイス〟を創造するケアメソッド～』をさらに発展させたものであるため、前著の内容を加筆・修正し掲載している箇所があります。

第一章

5人に1人が認知症の時代へ

もしかしたら、こんな言動も認知症のサインかも？

左記のような言動は認知症以外の要因でも誘発されることがありますが、ここに挙げた項目のいくつかに当てはまる場合は、初期の認知症の言動とも考えられます。ぜひ認知症について理解を深め、適切な対応につなげていただきたいと思います。

01

● **イライラし、怒りやすくなった**

理由もないのにイライラするのは、状況や会話の流れがつかめず、不安や不満を募らせている証拠かもしれません。

02

● **お風呂に入りたがらなくなった**

複雑な生活行動が億劫になる。また、何日も入浴していない、何日も同じ下着や服を着ているなどは要注意です。

03

● **冷蔵庫に同じものが入っている**

買ったことを忘れて同じものを何度も購入する、冷蔵庫の中を管理できず、また悪臭を感じずに消費期限が過ぎたものが入ったままになっていることがあります。

04

● **手慣れた料理に時間がかかる、味が変わった**

つくり慣れた料理のレシピを忘れる、味付けが濃くなる、砂糖と塩を間違える、同じ料理しかつくらないなどがみられます。

05

● **住居や部屋が散らかり気味になった**

片付けが億劫になり、整理整頓ができなくなるのも認知症の症状の1つ。自宅がゴミ屋敷になることもあります。

06

● 好きだった番組を見なくなった

意欲が低下したり興味関心がなくなったり、また気分の落ち込みや集中力・理解力の低下がみられることがあります。

07

● 常識的には考えにくい行動をする

自制心が薄れて、それまでの性格からは考えられないような性的な言動をしてしまうタイプの認知症もあります。

08

● 適当な返事が多くなった

何を聞いても「いつも通り」とごまかしたり、話をしている内容を忘れて会話が噛み合わなくなったりするのは、記憶が曖昧になっているせいかもしれません。

09

● 何かと言い訳が多くなった

自分が忘れていること、わかっていないことを悟られないよう、あれこれ言い訳することがあります。

10

● 食事の嗜好が変わり偏食が増えた

決まったものばかり食べるようになるのも認知症の1つの特徴です。特に甘いものを好む傾向がみられることもあります。

正確な診断のためには、きちんと診断のできる医療機関を受診してください。皆さんのお住まいの市町村もしくは近隣の市町村に各都道府県等が指定する「認知症疾患医療センター」があります。ここは認知症の鑑別診断やその後の支援・相談ならびに主治医などの身近な方とも連携を図ってくれる機関ですので、認知症が不安な場合はぜひ受診してみてください。

85歳を過ぎれば2人に1人が認知症に

「重老齢社会」で注目される認知症

日本は世界トップクラスの長寿国です。言い換えれば、世界で最も高齢化の問題に直面している国ということになります。

厚生労働省「令和4年版高齢社会白書」によれば、65歳以上の人が占める人口割合は、1950年の4・9%から、1990年には12・1%へ、そして2020年には28・6%に上昇。2065年には38・4%になると予測されています。

中でも75歳以上のいわゆる「後期高齢者」の急増が顕著で、2018年からは65~74歳の「前期高齢者」を上回るほどです。これは「重老齢社会」と呼ばれる状態で、75歳を過ぎると身体や認知機能が衰える人が多いことから、社会的にも大きな課題といえます。実際に要介護者は増加しており、2000年の介護保険開始以降、2019年で要介護者は約2・6倍になっているというデータもあります。

こうした社会状況を背景に注目されているのが認知症です。実際、日本は世界で最も高齢化が進んでいるだけでなく、認知症有病率もOECD加盟38ヵ国の中で最多です。

誰もがなり得るコモンディジーズ

日本で認知症状のある高齢者は、2012年の段階で462万人でした。高齢者全体に占める割合は15%で、単純計算すると高齢者の約7人に1人が認知症を有しているということになります。これが2020年には631万人に増加し、高齢者に占める割合は17・5%に上昇。2025年には730万人(20・0%)となり、5人に1人が認知症になるとみられます。

さらに2060年には高齢者の母数の増

● 要介護高齢者人口の推移

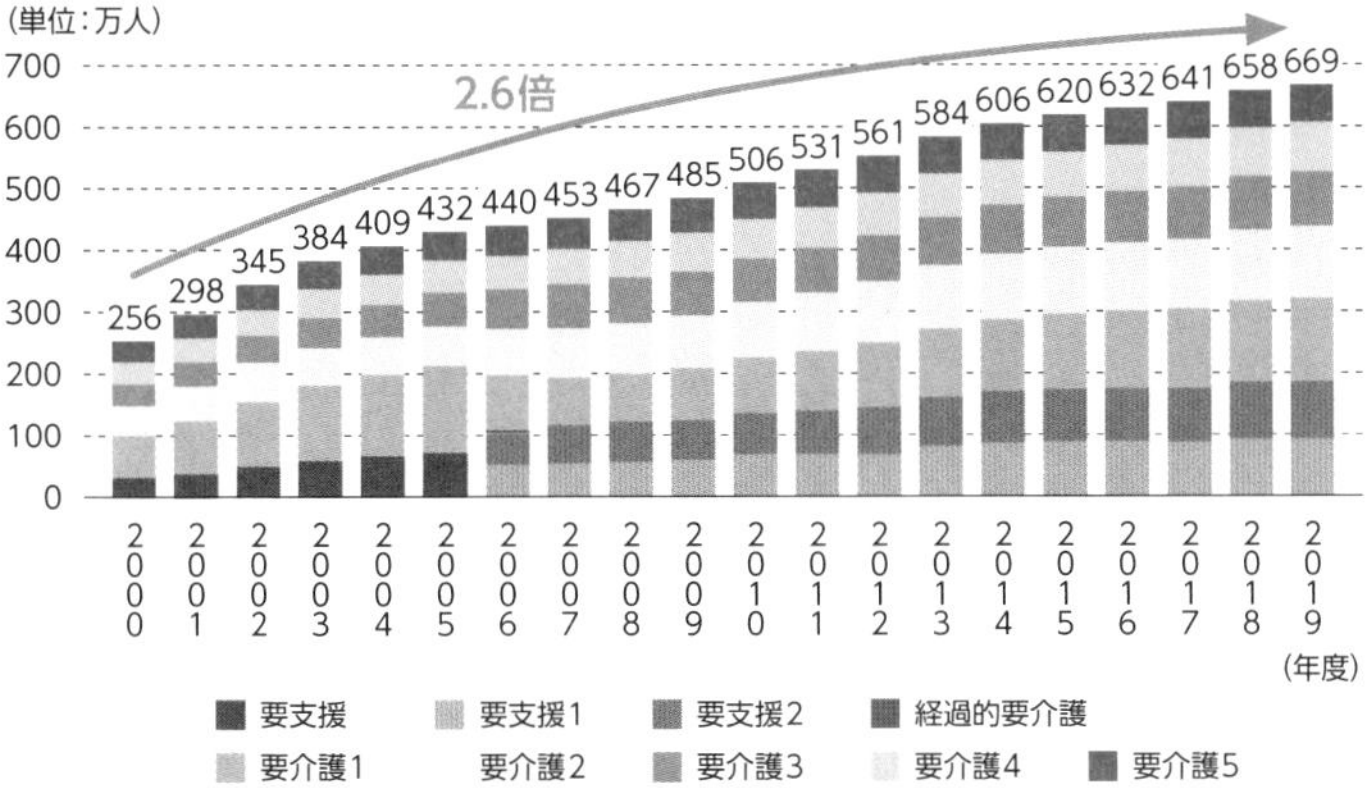

(注)2017年度から全市町村で介護予防・日常生活支援総合事業を実施している。
※東日本大震災の影響により、2010年度の数値には福島県内5町1村の数値は含まれていない。
出典:厚生労働省「令和元年度　介護保険事業状況報告(年報)」より引用、一部加筆

加に伴い認知症患者も1154万人、高齢者の33・3%を占めるまでになり、実に3人に1人が認知症を有することになると予測されています(厚生労働科学研究費補助金(厚生労働科学特別研究事業)「日本における認知症の高齢者人口の将来推計に関する研究　平成26年度　総括・分担研究報告書」参考)。

これだけでも大変な見通しですが、この数字は65歳以上の高齢者を対象としたもので、75歳以上に絞るとさらに認知症を抱える人は増えていきます。

厚生労働省の調査結果から算出すると、認知症を有する方は65〜69歳では約45・5人に1人(2・2%)、70〜74歳では約20人に1人(4・9%)とまだ少ないですが、75歳以上になると約9人に1人(10・9%)、80〜84歳では約4人に1人(24・4%)、さらに85歳以上になると約1・8人に1人(55・5%)と、2人に1人以上が認知症と診断されています。認知症のリスクは年齢を重ねるごとに高まっていくわけです。

長生きすればするほど身近になるのが認知症というもので、いつ自分がなってもおかしくない、日常的にあるコモンディジーズ(当たり前の病気)になってきているのです。こうしたデータを踏まえると、認知症ケアの重要性は今以上にますます高まっていくことがわかります。もちろん、薬で予防や治療ができて治るものになれば、ケアの役目はなくなりますが。

● 認知症を有する方の推定数と推定有病率の将来推計

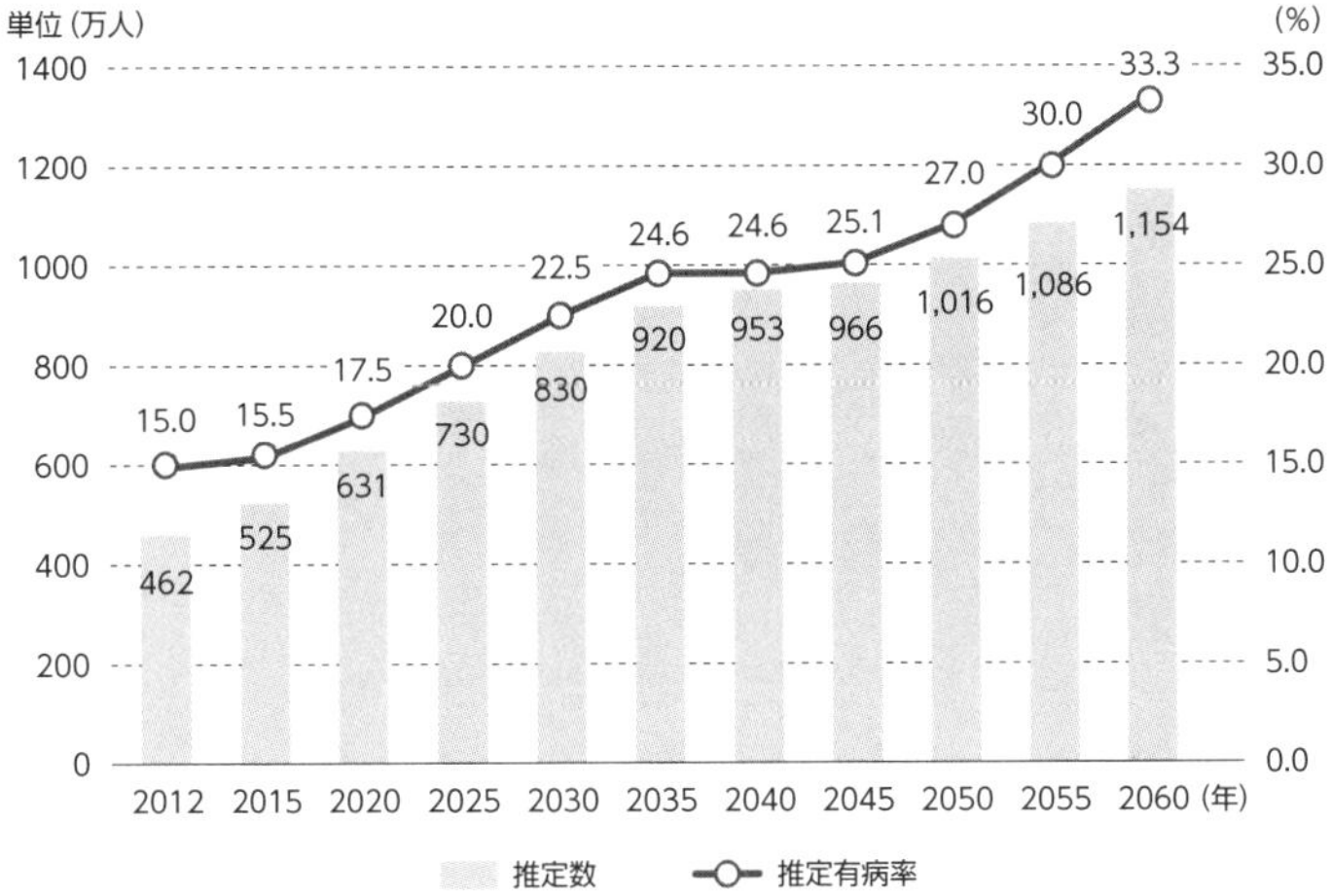

● 数学モデルより算出された2012年の性・年齢階級別認知症有病率

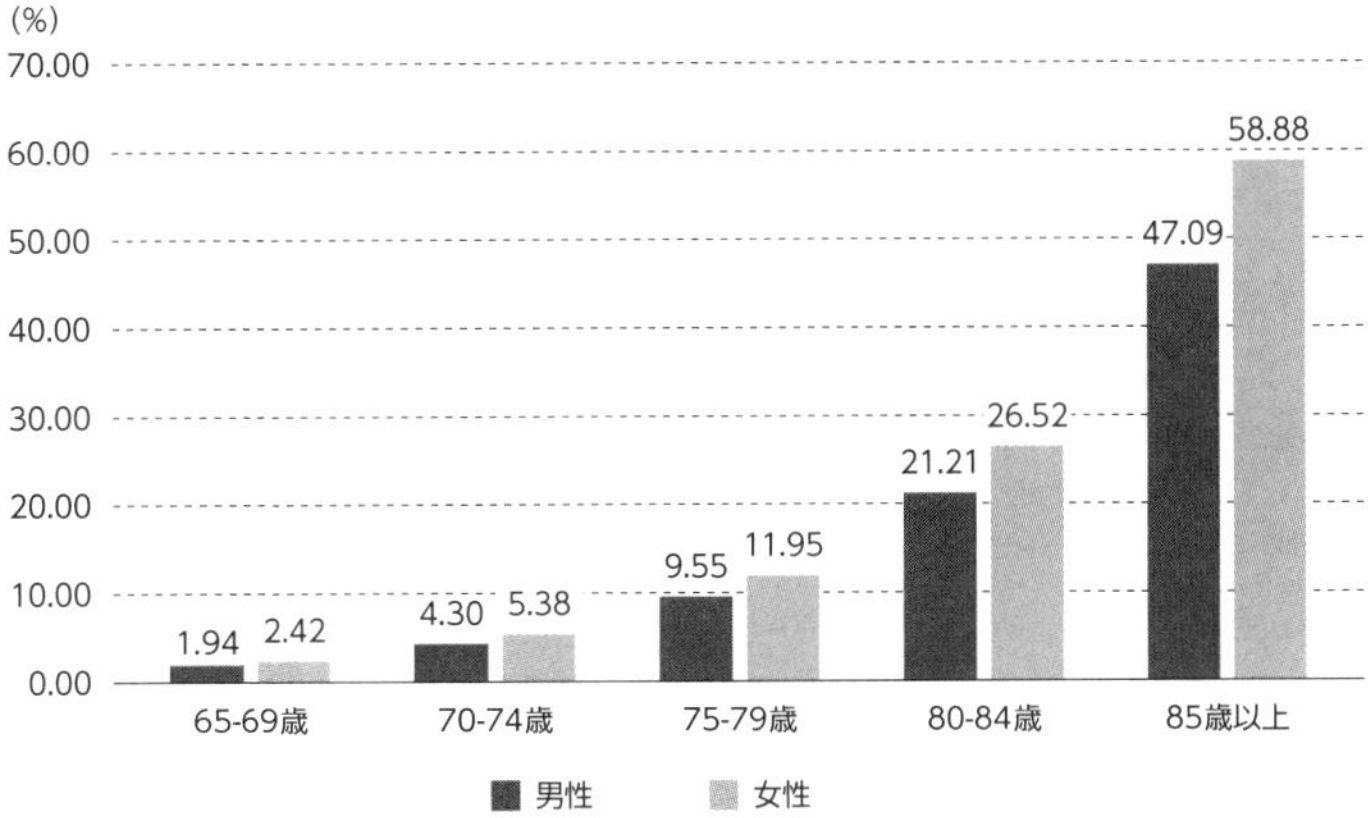

出典：厚生労働科学研究費補助金（厚生労働科学特別研究事業）「日本における認知症の高齢者人口の将来推計に関する研究　平成26年度　総括・分担研究報告書」のデータをもとに筆者がグラフ化

代表的な4大認知症

認知症は「病名」ではなく「状態」のこと

そもそも認知症とは何なのか、まずは基本の知識をおさらいしておきましょう。

認知症を病気の1つと考える人が多いのですが、実はそうではありません。長年積み上げてきた正常な記憶や発達した認知機能が、後天的に何らかの原因によって徐々に低下し、日常生活や社会生活に支障をきたす状態を認知症と呼びます。すなわち、さまざまな要因によって認知機能が低下した状態の総称として認知症と呼ばれています。

ですから、認知症と一言でいっても、症状を引き起こす病気は200以上あるといわれています。その代表的なものとしては「アルツハイマー型認知症」「脳血管性認知症」「レビー小体型認知症」「前頭側頭型認知症」があり、これら4つの病気に起因する認知症を「4大認知症」と呼んでいます。罹患者の割合を見ると、4大認知症の多さが見て取れます。

認知症の基礎疾患の内訳

①アルツハイマー型認知症……67・6%
②脳血管性認知症…………19・5%
③レビー小体型認知症…………4・3%
④前頭側頭型認知症…………1・0%
⑤アルコール性認知症…………0・4%
⑥混合型認知症………………3・3%
⑦その他…………………………3・9%

（出典／朝田隆：厚生労働科学研究費補助金（認知症対策総合研究事業）「都市部における認知症有病率と認知症の生活機能障害への対応」平成23年度〜平成24年度総合研究報告書（2013年報告））

なお、①③④は神経変性疾患に、②は脳血管性疾患に、⑥は上記2つの混合型に、⑤は中毒性疾患に分類されます。

● **認知症の基礎疾患の内訳**

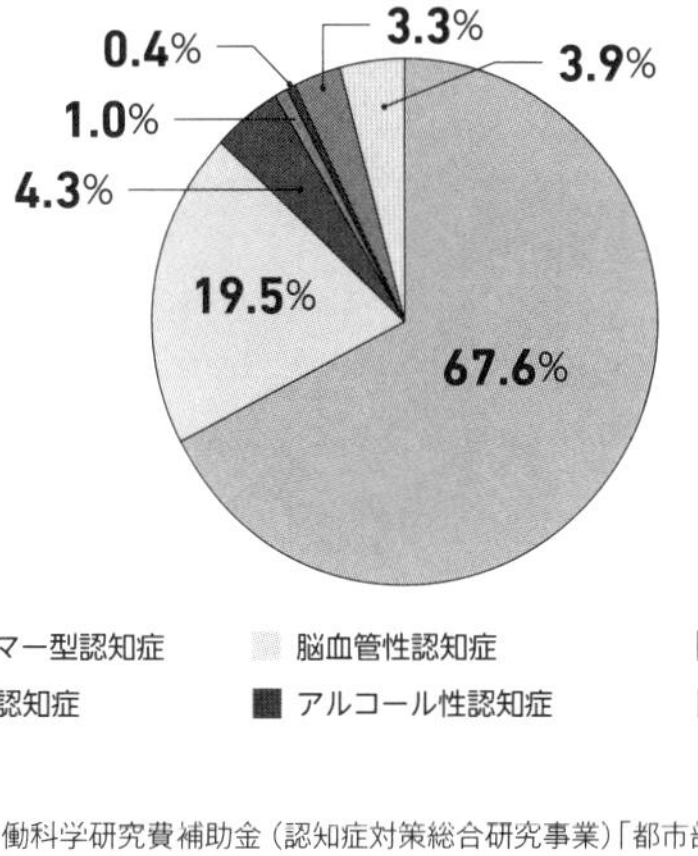

出典：朝田隆：厚生労働科学研究費補助金（認知症対策総合研究事業）「都市部における認知症有病率と認知症の生活機能障害への対応」平成23年度〜平成24年度総合研究報告書（2013年報告）をもとに筆者がグラフ化

また、これら以外にも甲状腺機能低下などを起こす内分泌代謝疾患や正常圧水頭症などの腫瘍性疾患、クロイツフェルト・ヤコブ病や脳炎・AIDSなどを引き起こす感染性疾患が原因で認知症になることもあれば、薬剤の服用や呼吸器疾患による低酸素血症、うつなどの精神疾患や継続的な低栄養状態でも認知機能を低下させることがあります。

これらの中には病気の治療により認知症状が改善するものもありますが、脳が器質的に変化した場合、一般的には不可逆的な変化とみなされます。すなわち、認知機能の若干の改善がみられることはあっても、元通りに回復する見込みは薄いということです。この点も、認知症を理解するうえで重要なポイントといえます。

では、この4大認知症が具体的にどのように引き起こされ、どのような症状を出現させるのか、それぞれ見ていきましょう。

脳の萎縮が徐々に進む「アルツハイマー型認知症」

認知症の中で圧倒的に多いのがアルツハイマー型認知症です。

数十年かけてアミロイドβやタウという蛋白質が脳内に溜まることで脳の神経細胞が破壊され、脳が病的に萎縮するといわれています。最初は海馬という記憶を司る部分に支障が生じ、最終的には大脳すべてに影響が及びます。

個人差はあるものの、症状の変遷は一般的に初期・中期・後期に大別でき、10年前後のスパンで進行します。

初期（軽度）の段階では、自らが忘れていくことに対する不安や焦燥感から強いストレスを感じたり、うつ症状がみられたりします。最初は自ら何かおかしいという違和感を抱くことが多く、この段階では家族や周囲の人が発症に気づかないことも少なくありません。

具体的な症状としては、言ったことや聞いたことを忘れて何度も同じことを話したり聞いたりする記憶障害、日用品や財布、通帳などを自分でどこかに置いたことを忘れて盗まれたと思い込む物盗られ妄想などがあります。また、月日や曜日、時間が曖昧になる見当識障害もみられますが、初期の頃はそれらをうまくごまかそうとしたり、適当につじつまを合わせたり取り繕ったりします。

また、興味関心が薄れる、無気力状態になる、これまでできていた家事やルーティンワークができなくなる、使い慣れた機器類がうまく使えなくなるといった実行機能障害（遂行機能障害）もみられます。

中期（中度）になると、身体機能は維持されたまま認知機能の低下が顕著となり、中核症状として記憶力や判断力、理解力、見当識に強い支障が生じ、それに伴う周辺症状として行動・心理症状（BPSD : Behavioral and Psychological Symptoms of Dementia）が表れやすい時期となります。

例えば、判断力の低下により、危険なものや汚いものを口に入れてしまうことがあります。また、季節感に合った衣服が選べない、時間や時代・場所の錯覚が起こり徘徊する、目的地にたどり着けない、外出先から帰れない、外出の際に左右別の履物を履くといった症状がみられることもあります。

さらに、言葉の意味がわからなくなったり言葉がうまく出なくなったりする失語のほか、トイレでの後処理ができない、食事を自力で食べられない、衣服の着脱がうまくできないなどの失行も起こります。トイレ以外の場所で排泄する、弄便《ろうべん》といって排泄物を触る、その手で衣類や物や自分の顔や身体などを触る不潔行為などが表れることもあります。本人の中で不安や恐怖感からくる混乱が激しくなり、本人にとっても介護者にとっても大変しんどい時期となります。

後期（重度）になると、時間や季節感、そして場所の認識に支障をきたす見当識障害に加え、人物の認識に支障がみられるようになり、家族の顔がわからなくなる、鏡に映る自分がわからなくなるなどの症状が表れるようになります。

運動機能にも影響が生じ、歩行できない、立位や座位が取れない、食事を自分で摂れない、食べたものをうまく飲み込めないといった状態になり、さらに悪化すると寝たきりとなります。話しかけても反応が薄かったり、反応がなかったりするとともに、表情がなくなるといった症状もみられるようになります。

罹患者は男性よりも女性のほうが多い傾向があります。

まだら認知症や感情失禁を招く「脳血管性認知症」

脳血管性認知症は、脳梗塞や脳出血など脳の血管障害により神経細胞が破壊され起きる認知症状の総称ですが、中でも脳梗塞によるものが多いといわれています。

脳梗塞の場合、大きな血管が詰まって急激に変化するタイプと、小さな細い血管が詰まって徐々に病状が進むタイプに大別できます。後者には小さな脳梗塞が多発する多発性ラクナ梗塞やビンスワンガー病などがありますが、いずれも本人自身も気づきにくく、認知症状が表れても加齢現象と思い込んでしまうことがあります。

脳梗塞か脳出血か、また脳のどの部分に支障をきたしたかによって、出現する症状や程度が異なり、個人差もありますが、物忘れなどの記憶障害よりも実行機能障害が目立つ場合が多いようです。また、損傷部位によって症状が変わり、頭頂葉障害は失認や失行、感情機能を司る前頭葉障害ではうつ症状などがみられます。注意力の低下も起こり、1つのことに集中するあまり他のことに注意が向かない、2つのことを同時に行うことが難しい、集中力が保持できず注意散漫になりやすいといった症状も表れます。

その他の特徴的な症状は次の通りです。

- まだら認知症……脳に障害を受けたところと受けていないところがあるため、障害を受けた能力と正常な能力が入り混じる、まだら認知症を発症することがあります。記憶障害は軽度でも実行機能障害がある、物忘れがあっても判断力はあるといった具合です。意欲に関しても波があることがあります。
- 感情失禁……感情のコントロールが難しくなることがあり、急に怒ったり、笑ったり、泣いたりします。また、笑っていたと思ったら急に泣き出すこともあります。何気ない声かけに泣いたり、笑顔でも実は不機嫌だったりすることもあります。喜怒哀楽が激しくなったかと思えば、無表情になることもあります。

●日内変動……1日の中で、できることや意欲が変動し、感情の起伏も大きくなることがあります。認知機能がしっかりしているときもあり、自分自身が忘れていることやできないことを認識している場合、ちょっとした声かけが自尊心を傷つけることもあるため介護する側は配慮が必要です。

●運動機能障害……手足の運動麻痺、しびれなどの感覚麻痺などに伴う歩行障害や嚥下障害、排尿障害、ろれつが回りにくくなる言語障害などがみられます。

●夜間せん妄……一時的に時間や場所の認知ができなくなる見当識障害や、思考力が急に低下する意識・精神障害が夜間に起こる状態を夜間せん妄といいます。高齢者に多くみられ、夜間になると話のつじつまが合わなくなる、今いる場所や時間がわからなくなる、記憶力が低下する、夜間に覚醒したり幻覚や妄想が出たりといった症状が表れます。

脳血管性認知症は男性のほうが多く発症している傾向にあります。

幻覚や妄想などの症状がみられる「レビー小体型認知症」

レビー小体という特殊な蛋白質が脳の大脳皮質や脳幹に溜まることで、神経細胞が破壊され認知症状が起こるといわれています。

初期段階では幻覚や妄想が起こることがあり、これはレビー小体型認知症の特徴の1つといえます。幻覚についていては、特に幻視がみられることが多く、存在しない子どもや動物・虫、すでに亡くなっている人が見えるなどと訴えます。本人にとっては現実としか思えないほどリアルに見えており、怯えることもあります。

妄想についていては、すでに退職しているにもかかわらず働いていると思って出勤しようとする、戦時中であるかのように振る舞う、家にいるにもかかわらず自宅に帰ろうとするといった行動が見受けられます。

極めて調子の良いときと悪いときが短時間の中で繰り返し起こります。日によっても差が激しく、認知機能の変動もみられます。

また、レビー小体が脳幹に溜まることでパーキンソン症状がみられることもあります。筋肉の固縮、体幹バランスの不均衡、動作の緩慢や小刻み歩行による歩行障害が起こる他、表情がなくなる仮面様顔貌などもみられます。

その他の特徴として、睡眠中に大声で寝言を言ったりどこかに行こうとしたりする異常行動や、自律神経機能の低下による便秘や倦怠感、食欲低下、排尿障害、発汗障害、低血圧など、さまざまな症状が表れることもあります。

初期段階ではうつ症状が出やすく、気分の落ち込みや無気力状態もしばしば見受けられます。記憶障害や物忘れがあまりみられないことから、うつ病等の精神疾患と勘違いされることもあるので注意が必要です。

症状の進行とともに記憶障害や物忘れも生じるようになり、判断力や理解力の低下から日常生活にだんだん支障をきたすようになっていきます。

女性より男性のほうが2倍ほど発症しやすいといわれています。

人格の変化や行動・言語の障害が起こる「前頭側頭型認知症」

前頭側頭型認知症は、社会性や人格、理性、言語を司る前頭葉と、言語理解や記憶、音声を理解する聴覚を司る側頭葉にタウ等の蛋白質が溜まり、神経細胞が徐々に減って脳が萎縮するといわれています。「前頭側頭葉変性症」の1つです。

前頭側頭葉変性症は、①前頭側頭型認知症、②話自体はスムーズにできるのに言葉自体の意味がわからない、読めない、書けない、また家族や友人知人などの親しい人の顔がわからなくなる意味性認知症、③言葉自体の意味は理解しているものの、文法がわからなくなる、発音がうまくできない、言葉が不明瞭、言葉が出にくくスムーズに話せない、会話自体のスピードが遅くなるという進行性非流暢性失語の3つに大別されています。

また、①の前頭側頭型認知症のうち、Ｐｉｃｋ球と呼ばれる球状物が脳の神経細胞にみられるピック病が半数を占めるといわれます。ピック病は40～60歳代の初老期に発症することが多く、70歳以上で発症することは珍しいですが、初期は物忘れや記憶力の低下がみられないことに加え、本人も病気であるという認識を持ちにくく、発症に気づきにくい場合もあります。ただ、Ｐｉｃｋ球がみられなくても前頭葉や側頭葉が萎縮して、性格や行動に異変が生じることもあります。

その他の特徴的な症状は次の通りです。

●意欲の欠如……好きなテレビ番組を見なくなる、新聞を読まなくなる、物事への興味関心がなくなる、何をするにも面倒がるといった症状がみられます。また、会話が減り、質問に適当に答えたり、「わからない」としか返答しなくなることもあります。会話の表現力が低下していき、次第に単調な会話になります。

●言葉の理解の低下……言葉の意味がわからない、知っているものの名前が出てこない、読み違いや文字の認識が曖昧になるといったことも起こります。

●感情の鈍化……他者への興味関心が薄れ、相手のことを考えることができない、共感できない、感情を読み取ったり感情移入したりすることができなくなります。そのため、同じ空間で過ごしていても、興味がなくなるとスッと立ち去るような行動もみられます。喜怒哀楽の表現もなくなっていきます。

●社会性の欠如……本能を抑えることが難しくなり、衝動的行動が目立つようになります。周囲への配慮が欠け、遠慮ができず無礼な態度をとったり、カッとなって大声を出したり暴力を振るったりなど、抑制が効かなくなることもあります。道徳的・倫理的な感覚が低下するため、悪気なく万引きや窃盗、盗食、無銭飲食、放尿・放便をするなど、本能のままに振る舞ってしまうこともあります。注意されても同じ過ちを繰り返すことがあり、介護する側は工夫が求められます。また、身だしなみに気を使わなくなる症状もみられます。

●偏食……食欲が旺盛になる、決まった食事を食べ続ける、砂糖やお菓子・ジュースなど甘いものを過剰に摂取するといった行動がみられます。よく噛まずに飲み込んだり、飲食のスピードが速くなったりすることもあります。

●常同行動……毎日決まった時間に決まった行動をするなど、パターン化、ルーティン化された時刻表的な行動がみられます。また、手を叩くなど同じ動作を繰り返し行ったりすることもあります。

●周囲の環境に影響されやすい……相手の言葉を反復的に繰り返す、無意識に相手の動作を模倣する、視界に入った文字を急に読み始める、目の前にあるものを許可なく使ってしまうなど、目や耳から入る情報に敏感に反応することがあります。

●性的逸脱行為……自制心が希薄になることから、下半身を露出する、性的な言動を行う、痴漢をする、性的な動画やサービスに執着するといった症状が起きることがあり、警察沙汰に発展する場合もあります。

他にも、落ち着きがなく、注意力を保つことが困難なケースも見受けられます。症状の進行に伴い、さらなる意欲の低下から行動は抑えられていき、食欲も低下していきます。発症後6～9年が経過する頃には寝たきりの状態になることが多いです。初老期に発症することが多く、男女差はあまりないといわれています。

複数の認知症を発症する「混合型認知症」

これまで説明した認知症などが複数発症することもあり、これは混合型認知症と呼ばれます。

併発パターンとして多いのがアルツハイマー型認知症と脳血管性認知症の組み合わせですが、その他にもアルツハイマー型認知症とレビー小体型認知症などの混在が認められる場合もあります。

高齢になればなるほど、認知症の発症リスクは高くなるため、年齢層が上がると必然的に混合型認知症が増える傾向にあります。

このように4大認知症をはじめ認知症を発症させる病気はさまざまであり、適切な対応には何よりも現状把握が大切となります。その第一歩は正しく診断を受けること。認知症を治らないものと決めつけるのではなく、今起こっている認知症の原因は何なのか、どの病気が起因しているのかを確かめることが大切です。原因となっている病気を治療することで、場合によっては認知症状の改善が見込まれます。

物忘れなどがみられる認知症予備軍「MCI」

認知症とはいえないけれども、認知機能がやや低下している状態をMCI（軽度認知障害／Mild Cognitive Impairment）と呼びます。

生活上はそれほど影響がないものの、正常とも言い切れません。加齢に伴う物忘れと認知症の間であるグレーゾーン、すなわち認知症予備軍ということになります。

MCIの定義としては、

- 年齢や教育レベルの影響のみでは説明できない記憶障害が存在する
- 本人または家族による物忘れの訴えがある
- 全般的な認知機能は正常範囲である
- 日常生活動作は自立している
- 認知症ではない

といった要素を満たすものとされます（参照／厚生労働省 生活習慣病予防のための健康情報サイト「e－ヘルスネット」）。要は、記憶力に障害があって物忘れの自覚があるけれども、記憶力の低下以外に明らかな認知機能の障害がみられず、日常生活への影響はないか、あっても軽度――ということになるでしょう。

MCIに早期に気づき、適切な予防に努めれば正常に戻る人もいるといわれる一方で、MCIの人は年間で10～15%が認知症に移行するとされており、認知症の前段階と考えられています。

加齢による物忘れと認知症の違いは?

よく聞かれるのが、加齢による物忘れと認知症の違いは何かということです。ポイントは、体験したことすべてを丸ごと忘れてしまうか、一部分のみを忘れてしまうかの違いです。

認知症の場合は、体験や日時の記憶そのものがなくなるので、忘れていることすらわかっていないことがあります。一方、加齢による物忘れは部分的な忘却であって、自分が忘れているということは認識しており、そのときの状況についてヒントを出せば思い出します。

例えば、友人と食事をする約束をしていても、認知症の場合は約束自体を忘れてしまいます。約束の時間に友人から催促の連絡があっても「そんな約束はしていない」と怒ったり、相手を不審に思って自分には責任がないと考えたりします。あるいはつじつまの合わない話をしたり、変に取り繕ったりすることもあります。

一方、加齢による物忘れの場合は、友人からの電話で約束を思い出し、謝罪して慌てて支度をして現地へ向かうか、改めて次の約束をするなどの対処ができます。

認知症の場合は、判断力の低下とともに生活機能の低下がみられることが特徴といえるでしょう。


また、近年では65歳未満でアルツハイマー型認知症などを発症する若年性認知症にも注目が集まっています。

２０１７〜２０１９年度の18〜64歳の罹患者数は3・57万人と推計されており、これは18〜64歳の人口1万人あたり5・1人に当たります。発症する平均年齢は54・4歳で、仕事が順調なときに告知されると自暴自棄になったり、うつ病を発症したりすることも少なからずあり、家族のサポートが不可欠です（出典／地方独立行政法人東京都健康長寿医療センター「わが国の若年性認知症の有病率と有病者数」２０２０年7月発表）。

知っておきたい中核症状と周辺症状とは？

2つに分けられる認知症の症状とは？

認知症の症状は大きく2つに分けられるということも、認知症を正しく理解するうえで知っておきたいことです。

1つは脳の病変によって直接的に起こる「中核症状」で、もう1つは中核症状に伴いさまざまな行動・心理面に二次的にもたらされる「周辺症状」です。後者は「行動・心理症状（BPSD）」とも呼ばれます。

それぞれどのような症状があるのか、簡単に説明していきます。

● 中核症状と周辺症状

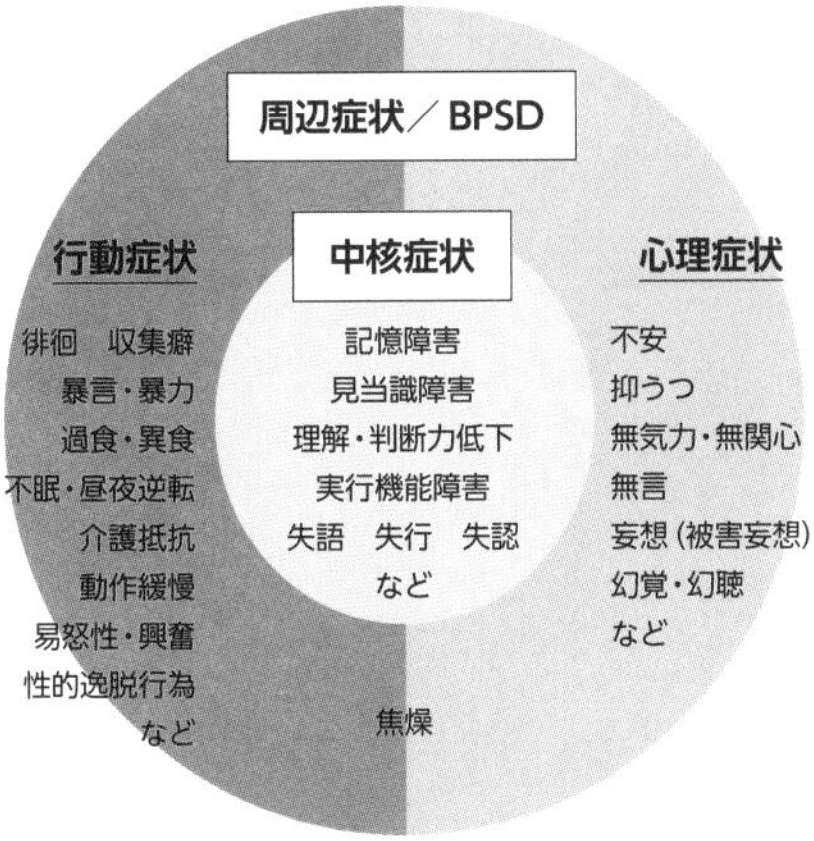

中核症状

認知症の症状は、記憶障害や見当識障害などの中核症状がまず表れます。

記憶障害

まず近時記憶（学習や体験時の数分から数日間の記憶）に障害が出始め、直近のことが覚えられなくなります。症状の進行に伴い、遠隔記憶（数十年間の記憶）や即時記憶（数秒間の記憶）にも障害が広がっていきます。

見当識障害

日時や曜日、季節、場所、人物などがわからなくなる状態を指します。最初は今日の日付や曜日、現在時刻、季節がわからなくなり、次いで場所がわからなくなり、さらには人物の見分けがつかなくなるということが起こります。

理解力の低下

目の前で起こっていることの意味や内容が理解できない、考えていることや会話をした内容と実際の行動が異なる、複雑な会話や機器の操作ができなくなるといったことがみられるようになります。

判断力の低下

物事の善し悪しの分別がつかなくなり、万引きや無銭飲食といった法律や社会のルールに反する行動を取るなどして、事件や事故に発展する場合もあります。

失語

言語中枢が機能しなくなることで、うまく話せない、文字が読めない、書けない、質問の意味が理解できないといった症状が表れます。

実行機能障害

記憶力や推論力、集中力、注意力、計画力、判断力等が低下することで、家事の組み立てができない、仕事を計画的に行えないといったことが起こります。

失認

視覚や聴覚、触覚に支障がないにもかかわらず、見たものの意味がわからない、物の距離感や位置関係が理解できないといった症状が表れることがあります。

失行

麻痺や身体機能に異常がないにもかかわらず、日常生活動作がうまくできないことをいいます。上着のボタンが留められない、箸やスプーンが使えないといった症状がみられます。

周辺症状

中核症状に伴って起こる周辺症状は「行動症状」と「心理症状」に分けられます。

〈心理症状〉

幻覚

実在しない知覚を実在するものとして捉える症状です。五感に合わせて、幻視、幻聴、幻触、幻嗅などがあります。

妄想

現実にはないことを事実のように思い込んでしまうことです。特に物盗られ妄想はよくみられます。また被害的な妄想を抱くことが多くあります。

夜間せん妄

日中には症状はみられないものの、夜間になると軽度の意識混濁がみられ、見当識障害や妄想、幻覚・錯覚などが起きることをいいます。

錯覚

実際にあるものを違うものとして認識してしまうことです。ひもが虫に見えたり、「お箸」が「お菓子」に聞こえたりと、見間違いや聞き間違いが生じます。

不安・抑うつ

認知機能が低下することで不安の増大、気分の落ち込み、意欲の低下、食欲の減退といった症状が起こります。

感情失禁

感情をコントロールできなくなって、些細なことをきっかけに突然笑い出す、泣き出す、怒り出すといった症状がみられます。

無気力・無関心（アパシー）

好きだった料理をしなくなる、社交的だったのに人と会わなくなる、何事にも興味を示さなくなるといった状態を指します。

焦燥感

状態の変化に伴い、自分の思うような行動ができない、不安が募るなどの理由からイライラすることが増えます。

人格変化

相手を思いやる気持ちが薄れ、自己中心的な行動を取ったり、善悪の判断ができなくなることで反社会的な行動を起こしたりします。

〈行動症状〉

周回

毎日決まった時間に決まったコースを歩きます。基本的には自分で戻ってきます。

暴言

きつい口調で罵ったり、傷つけるような言葉を言ったりします。

興奮

自らの感情をうまくコントロールできず感情が高ぶる状態です。

徘徊

家の内外を問わず歩き回り、外出すると戻れないこともあります。

暴力

暴れて物を投げたり壊したり、また蹴ったり殴ったり、時には刃物を使おうとしたりすることもあります。

易怒性

些細なことでも急に人格が変わったように怒り出したり、これまで温厚だった人が怒りっぽくなったりします。

独語

誰かと会話をしているように一人で何かを話している状態です。何も面白いことがないのにニヤニヤ笑う空笑がみられることもあります。

介護拒否

介護者からのケアを受け入れない状態を指し、お風呂への誘導を嫌がる、服薬を拒否するなど、さまざまな場面で拒否反応を起こします。

帰宅願望

外出先に限らず自宅にいても、「家に帰りたい」という欲求が高まり、外に出ていこうとしたり落ち着きなくソワソワしたりします。

性的逸脱行為

街や公園などで異性に声をかける、下半身を露出する、実際に触ってしまう、性的な動画やDVDを買い集めたり堂々と視聴したりするなどの行動がみられます。

〈行動症状〉

放尿・放便

トイレの場所がわからないなどの理由から、トイレではない場所（廊下やダイニングなど）で排尿や排便をしてしまいます。

偏食・異食

好きなものばかり食べる、特定の食べ物にこだわるなど、バランスのよい食事ができなかったり、食べ物ではないものを口に入れたりします。また、水分の摂取が少なくなることもあります。

睡眠障害

睡眠が浅く、寝てもすぐに覚醒してしまって夜中にゴソゴソと動いたり、睡眠リズムが乱れて昼夜逆転したりといったことがみられます。

食事で遊ぶ

目の前にあるご飯や汁物、おかずを箸やスプーン、手でグチャグチャとかき混ぜたりします。

不潔行為（弄便）

排泄後の後始末がうまくできなかったり、便を触った手で布団やテーブルを汚したりする行為をいいます。

症状は千差万別。だからパーソナルなケアが求められる

注意したいのは、中核症状も周辺症状も認知症の種類によって必ず決まった症状が表れるわけではなく、人それぞれまったく異なるということです。特に周辺症状は、「中核症状（病気がもたらす症状）」と「本人が培ってきたパーソナルな思考・文化・生活歴」、それに「本人の身体機能」が掛け合わさって発生します。そのため、認知症を有する方は、誰一人として同じ状態にはなりません。そして、この周辺症状こそが、中核症状以上に本人を混乱させ苦しめます。それがまた認知症ケアを難しくさせるのです。豊泉家の認知症ケアメソッドはこの千差万別な周辺症状に焦点を当て、認知症を有する方の混乱を少しでも落ち着かせ、本人が生活しやすいように改善するためのアプローチ方法なのです。

● **認知症を有する人の周辺症状の表れ方**

QOLを低下させる言動（＝周辺症状）

＝

病気がもたらす症状（中核症状）

×

[パーソナルな思考×文化×生活歴]

×

身体機能

認知症の増加が社会に与えるインパクト

認知症対策で膨れ上がる社会的コスト

認知症を有する方が増えると、社会的にもさまざまな影響を及ぼします。特に大きな焦点としては、次の4つが挙げられるでしょう。

①社会的コストの増大
②介護離職の増加
③行方不明者の増加
④関連製品やサービスなどの市場拡大

1つ目の認知症に関する社会的コストについては、2014年時点の推計で14・5兆円に上っています。内訳は、介護費が約6・4兆円、医療費が約1・9兆円、家族などによるインフォーマルケアコストが約6・2兆円とされています。つまり、医療費以上に介護にかかるコストおよびインフォーマルケアコストが多くの割合を占めていることがわかります。

なお、この研究では認知症要介護者1人あたりの平均インフォーマルケア時間を24・97（時間／週）として、要介護者1人あたりの年間インフォーマルケアコストを382・1（万円／年）と推計していますが、推計対象が介護サービス受給者のみに絞られていること、また単純に週時間を1日に割り返すと1日当たりのインフォーマルケアの時間が3・56時間であることから見守り等の間接的な時間は加味されていないと考えられます。したがって、ここにあるインフォーマルケアコストの費用は幅広いインフォーマルケアを全面的にカバーしたものではなく、その一部にしか過ぎないということです。在宅で認知症を有する方の介護をしている方も相当数に上ることを考慮

● 社会的コストにおける各費用の構成（2014年度推計）

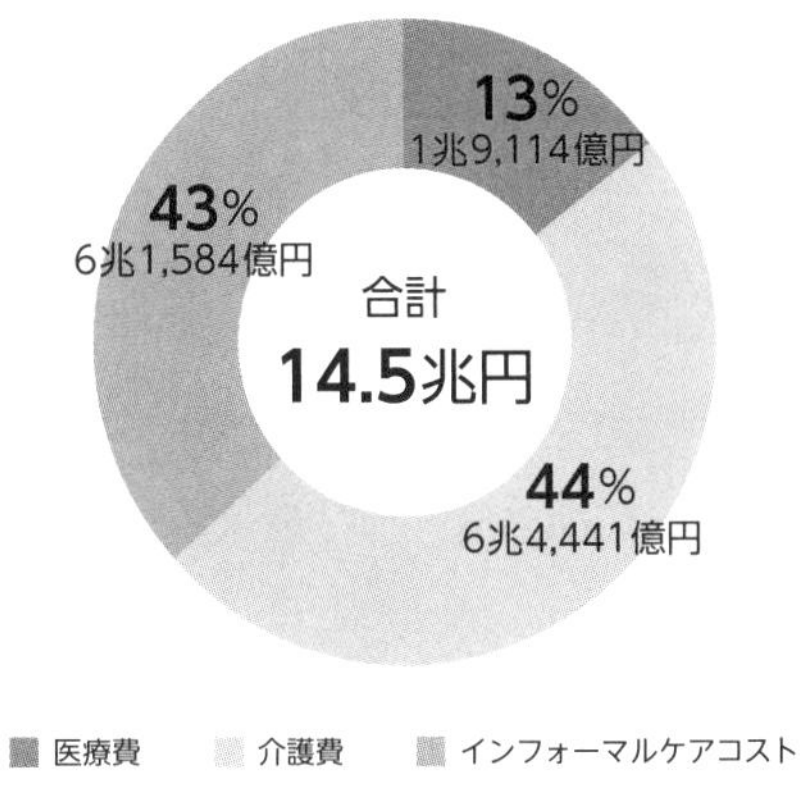

出典：厚生労働科学研究費補助金（認知症対策総合研究事業）「わが国における認知症の経済的影響に関する研究　平成26年度　総括・分担研究報告書」のデータをもとに、筆者がグラフ化

すると、インフォーマルケアコストの実態はもっと膨れ上がるはずです。

さらに懸念されるのは、認知症を有する方が2015年の525万人から2025年には730万人となり、この10年で約1・4倍に増加するといわれていることです。これに伴い、社会的コストも19・5兆円へと膨れ上がると推計されています。また、認知症を有する方と社会的コストの推移をみると、2045年には認知症の方が966万人、社会的コストは22・5兆円となり、2060年には1154万人、24・3兆円に増大することが予測されています（厚生労働科学研究費補助金（認知症対策総合研究事業）「わが国における認知症の経済的影響に関する研究　平成26年度　総括・分担研究報告書」より引用、一部加筆／厚生労働科学研究費補助金（厚生労働科学特別研究事業）「日本における認知症の高齢者人口の将来推計に関する研究　平成26年度　総括・分担研究報告書」参考）。そして、まだ隠れているコストもあることを考えると、認知症がもたらす社会的コストは極めて甚大であり、特に介護費やインフォーマルケアコストといった介護に関わるコストがその多くを占めることは憂慮すべき事実といえるでしょう。

このように考えると、介護者の負担を軽減するため、また認知症を有する方とそのご家族の生活の質や尊厳を改善するために、限られた資源をどのように活用すべきかについての真剣な検討が望まれます。社会的コストそのもののみならず、そのコストが効果に結びついているかどうかを検証する費用対効果の研究も必要となるでしょう。

認知症をめぐるこうした社会的課題を解決するためにも、私たち豊泉家のケアメソッドを使って、少しでも効果的なケアにつなげていくことが望まれていると思うのです。お金ばかりかかって、認知症を有する方も介護する方もみんながしんどいというのでは誰も幸せになれませんし、費用対効果の面でも問題です。社会的コストの軽減あるいは改善に私たちのメソッドが少しでも寄与できれば、これに越したことはありません。

介護離職の増加は、企業にとって大きな痛手

認知症が社会に及ぼす影響の2つ目に挙げられるのが、介護や看護のために仕事を辞める「介護離職の増加」です。

2007年に4・9万人だった介護離職は、10年後の2017年には9・2万人と、約2倍に拡大しています。2013年以降は横ばいが続いているものの、繰り返しお伝えしているように認知症を有する方が今後増えることを考えると、介護離職が増加する可能性は十分考えられます（厚生労働省「雇用動向調査」参考）。

介護離職の増加は、企業にとって大きな痛手です。貴重な人材を失うだけでなく、労働力不足の問題を一層深刻化させ、ひいては経済の減速に影響することもあり得ます。経済産業省によると、介護離職に伴う経済全体の付加価値損失は、年間で約6500億円と見込まれるとのことです（経済産業省「2050年までの経済社会の構造変化と政策課題について」平成30年9月参考）。

これらのデータは、認知症やそれに付随する介護が単に社会保障費だけではなく、社会保障費の原資となる労働力にも影響を与え、ひいては企業に打撃となることを示しています。この事実を踏まえて介護者の環境整備も進めていかないと、高齢化による要介護者の増加が労働者の介護離職の増加を招き、社会保障費の減少をもたらし、さらに介護環境を悪化させるという悪循環に陥ってしまいます。

このネガティブな連鎖を断ち切るためにも、認知症を有する方と介護に関わる方々がともに幸せになれる、実効性の高い認知症ケアが求められているといえます。

徘徊などで行方不明になる高齢者も

社会的影響の3つ目が「行方不明者の増加」です。

2022年6月の警察庁の発表によると、認知症やその疑いがある人が徘徊などで行方不明になる事案が増えているとのことです。2021年に届け出があったのは延べ1万7636人で、統計を取り始めた2012年以降で最多となっています。

ほとんどの人は1週間以内に所在が確認されているものの、236人は行方がわからないままで、また過去に届け出があった人のうち、2021年に路上などで死亡が確認された人は450人に上ります。徘徊していて交通事故に遭ったり、山の中で見つかったりするケースもあるようです。

介護施設から認知症を有する方が無断で外出することを「離設」といいますが、これは全国的に起きていて、決して珍しいことではありません。豊泉家でも稀にありますが、幸いなことに今までのところ大事に至らず、皆さん無事に見つかっています。結果的にはよかったということになりますが、これをどう防いでいくかが問われています。設備も充実し、複数の職員の目がある施設でも離設が起こるわけですから、介護者の少ない自宅からふらっと出ていってしまうケースはもっと多いことでしょう。

行方不明者が増えているからといって、「認知症って大変だね」「厄介者だ」と考えるのは短絡的だと思うのです。妄想や幻覚がそうさせているのかもしれません。あるいは、認知症を有する方もやはり「散歩したい」「気分転換したい」「買い物に行きたい」という生への渇望を抱えている場合もあるはずです。

高齢者施設においては、安全のみにこだわってすべての入り口を完全にロックしたり、窓を開けられないようにしたりして入居者を閉じ込めればよいと考える向きもあるでしょう。しかし、それでは人間としての尊厳を奪うことになりますし、入居者本人もストレスを溜め込むのではないでしょうか。

こうした現実を踏まえると、認知症を有する方を社会全体で見守っていく体制の構築が急がれます。

拡大する認知症関連市場

一方で、損失や懸念ばかりでなく、認知症に関連する製品やサービスなどの市場拡大も注目されます。

例えば、離設に関することでいえば認知症を有する方の安全を担保しつつ、自由を満喫していただくためのツールとして、認知症徘徊GPS「iTSUMO」(アーバンテック)などがすでに販売されています。靴にGPS機器を入れて、認知症の方の外出を見守るというものです。

社会的にもDX(デジタルトランスフォーメーション)の機運が高まる中、現状のようにマンパワー(人による支援)ばかりに依拠するのでなく、ICTやIoTなどの併用が求められています。デジタル機器を活用することで、社会で、あるいは地域全体で、認知症を有する方を見守り、支える体制を築きやすくなりますし、そうなれば自由と安全のバランスの取れたケアが実現していくことでしょう。

詳しくは後述しますが、認知症の治療薬や改善薬の開発も世界的に進んでいます。認知症というテーマは、さまざまな経済的効果も生み出しているのです。

「認知症は恥ずかしい」という考えは大間違い

このように、認知症を有する方が増えることの社会的な影響は大きく、今後さらに拡大していくことが見込まれます。誰もが認知症になり得る時代、社会に問われるのは〝認知症と共生する〟思想でしょう。

核家族化が進み、高齢者世帯や高齢者のみの単独世帯が増加する中、さらに長寿化が重なることで、結果として老人が老人を介護する「老老介護」や認知症を有する方が認知症介護にあたる「認認介護」も増えています。さらに、要介護高齢者や認知症高齢者の中には、一人暮らしを余儀なくされる人も少なくありません。

あるいは在宅で介護をする家族の中には、本人は健康でも介護に多大な時間とエネルギーを割かれ、仕事や学業がおろそかになるケースもあるようです。あまりの負荷の大きさに余裕を失くし、その日を何とかやり過ごすだけで精いっぱいという介護者も多いことでしょう。

こうした状況と、認知症を有する方の行方不明の増加は決して無縁ではないでしょうし、あるいはまた介護者による虐待や殺害といった悲劇の背景にも、おそらくケアの現場の苦しみがあるのではないか。そんなことも考えてしまいます。

認知症ケアは「家族愛」や「自己責任」で片付けられるほど簡単なものではありません。介護を家族や当事者だけに任せるのではなく、もっと広く社会で支える仕組みを構築する必要があります。それには、もっと多くの人がこの現状を知り、手を差し伸べる体制づくりが不可欠です。

私たち豊泉家でも、地元の狭い範囲ではありますが、大阪府豊中市の「認知症高齢者・障害者徘徊SOSメール」や、大阪府箕面市の「みのお行方不明者SOSネット」など、地域全体で認知症の方を見守る取り組みに協力しています。

行方不明者が発生した場合に、警察や自治体から私たちに連絡が入るので、デイサービス等の利用者の送迎などで地域を巡回するかたわら、行方不明者の捜索をお手伝いするというものです。

厚生労働省でも、認知症に対する正しい知識と理解を持ち、地域で認知症を有する方やその家族を支援する「認知症サポーター」を全国規模で育成しています。一人ひとりができることを1つでも2つでも増やしていければ、認知症を有する方が地域で少しでも安心して暮らせることにつながります。こうした活動がさらに普及し、認知症になっても安心して暮らせる、そんな社会であってほしいと願うばかりです。

認知症がコモンディジーズとなりつつある以上、日本に住む私たちは認知症について、また認知症を有する方に対して、もう少し関心を持っていいと思うのです。

身近にそういう方がいなければ興味も関心もない、まして自分事として捉えることができにくいのはわかりますが、いざ自分や家族が認知症を有し、そこで慌てて認知症や介護についての情報収集に奔走してもなかなか理解ができなかったり、適切な対応に至らないと思います。

これだけ長寿国で、これだけ要介護者が増えているわけですから、やはり少しでも関心を持っていただき、「認知症は恥ずべきもの、隠すべきもの」ではないという考えを持っておくことが必要です。

まずは、対策やケアについて事前に知識を仕入れ、備えておくことから始めてみてはいかがでしょう。それが結果的に自分や家族の役に立ちますし、認知症に関するリテラシーの底上げにつながり、ひいては介護する家族を孤独から救うことにもなると思うのです。

治る時代は来るのか ～治療の未来を考える

治療・改善薬やケアの手法も開発が進む

認知症は日本だけの問題ではありません。WHOが2021年に発表した「Global status report on the public health response to dementia Executive summary」によれば、世界中で認知症を有する方は2019年で5520万人に上り、160万人の方が認知症で亡くなっています。認知症は死因の第7位となっています。認知症の人は増え続け、2030年には7800万人に、2050年には1億3900万人になると予測されています。認知症は世界共通の課題でもあるのです。

そうした中で特に競争が過熱しているのが、認知症の予防・改善・治療薬の開発です。1999年には世界ではじめて認知機能を改善させる画期的な薬「アリセプト」が日本で使われるようになりました(米国は1996年に承認)。これ以降、多くのアルツハイマー病の薬が開発されてきましたが、効果が認められたものはわずかでした。２０２０年７月には製薬会社エーザイ（日本）とバイオジェン（米国）が、アルツハイマー病の治療薬として期待された「アデュカヌマブ」について米国食品医薬品局（ＦＤＡ）に承認申請を行いましたが、承認審査において臨床試験のプロセスに疑義が生じ、２０２１年６月に条件付き承認されました。これに伴い、日本においても２０２０年12月に厚生労働省へ承認申請をしましたが、２０２１年12月に承認見送りとなり継続審議中です。

また、これとは別に両社は、新たなアルツハイマー病治療薬「レカネマブ」が開発の最終段階において有効性が確認できたとして、２０２３年１月にＦＤＡの迅速承認を取得し、２０２３年１月現在フル承認に向け申請中。両社は同月に日本でも新薬の承認申請を行いました。

さらにはイーライリリー（米国）が開発した「ドナネマブ」や、ロシュ（スイス）の「ガンテネルマブ」など、アルツハイマー治療薬の開発も活性化しており、今後の治療薬や予防薬として期待されるところです。

薬とは別に、光認知症治療や超音波治療も新たな治療法として期待されています。認知症を有する方やそのご家族は当然ながらこの分野の発展を強く望んでいるはずですし、経済効果という意味でも開発の進展が待たれます。

さらに検査の技術も進展しており、ＡＩを使った医師の診断支援システムをはじめ、少量の血液で脳内のアミロイドβの蓄積を把握するもの、発する言葉をデータ解析して認知症の傾向をみるものなど、多角的な視点から新たな検査方法が承認され導入されていっています。

認知症ケアについても、世界的に研究が進められ、知見の蓄積も加速しています。例えば、米国ジョンズ・ホプキンス大学から出版されている認知症ケアのベストプラクティスと最先端の認知症研究をまとめた『The 36-Hour Day』（ピーター・ラビンズほか著）は、１９８１年に米国で出版されて以降版を重ね、現在では10ヵ国以上の言語に翻訳され、認知症を有する方の家族のほか、医療職・介護職などの専門職にも広く読まれています（『The 36-Hour Day』（第６版）の日本語翻訳版である『１日が36時間になる日——家族が認知症になったら』は、豊泉家グループの一般財団法人ＳＦ豊泉家代表理事ならびに米国法人Lighthouse Health,inc.のＣＥＯである田中崇博が担当し、クロス・メディアパブリッシングより２０２３年秋頃に出版予定です）。

福祉の先進国といわれるデンマークをはじめ、スウェーデン、オランダ、フランス、アメリカなどの諸外国も認知症ケアに熱心に取り組んでいます。詳しくは第六章で紹介しますが、オランダ発の概念であるポジティヴヘルスは疾患や障がいがあってもさまざまな力を活用し、人生を前向きに生きる力こそが健康であるという考え方であり、それは私たちのケアに通じるものがあります。

実は私たち豊泉家の原点であるアシステッドリビングホームを豊泉家グループ会長の田中成和とアメリカで共同開発し、米国アシステッドリビング協会の初代会長を務めたポール・クラッセンとパートナーのテリー・クラッセンもオランダ系アメリカ人です。そして、私たちが共同開発したアシステッドリビングホームは、オランダの高齢者に住居や生活支援サービスを提供するグループホームをベースに米国のナーシングホームを融合させ、新たな概念として進化させた画期的なシニアホームです。すでにオランダでは街全体で認知症ケアに取り組むコミュニティもあるなど非常に興味深い国といえます。

今こそ望まれる認知症ケアの革新的メソッド

私たちが確立したメソッドは次章以降で詳しく紹介しますが、かいつまんでいうと、認知症を有する方に対する「ロジカルケア（事実受容支援）」と「ラテラルケア（現実肯定支援）」、そして両者を融合した「インテグレイティブケア（統合的支援）」から成り立ちます。

このメソッドの開発にあたっては、相手に寄り添って共感の上に信頼関係を構築するバリデーションや、言葉や目線、触れ合いなどを通して不安を緩和するユマニチュード、ケアする相手の立場に立って考えるパーソン・センタード・ケアなど、認知症ケアの先行研究や取り組みも参考にしていますが、その方の言動や振る舞い、表情を観察しつつ理解を促す、また時には私たち介護者がその方の世界に入り込み、個別にきめ細やかなアプローチを行うという手法は、私たち独自の認知症ケアにおけるコミュニケーション技法なのです。

現場での実践を通じて認知症を有する方の「生きる本能」を引き出し、QOL（生活の質）をいっそう高めて少しでも円滑に生活が送れるように働きかける。それが私たちのメソッドということです。

もっとも、複雑かつパーソナルな認知症状に対応する以上、これらのケアさえ実施しておけばいいという単純なものではありません。これからお伝えすることは、私たちなりの原理原則とケアを組み立てるうえで必要となる〝方程式〟です。認知症を有する方自身の欲求や思いに応えるために、中核症状や周辺症状、パーソナリティ、ご家族の状況、置かれた環境、日内変動といった多様な変数を入れ込むことで〝出てくる解＝ケアやアプローチの方法〟は、極めて多様な様相を見せることでしょう。その複雑さ、豊かさこそ、一人として同じ人はいない、それぞれの生きる力を引き出す「n＝1」であり、この「n＝1」の究極の追求こそが認知症ケアたる証しではないかと思うのです。

認知症は今後ますます世界的な課題として光が当てられることでしょう。その中で超高齢社会の先陣を切って進む日本だからこそ、認知症ケアの新たなメソッドを確立できるのだと思いますし、それを世界に発信することの意義もまた大きいと考えています。

Column 01

海外の〝認知症村〟事情

認知症パラダイスの実現は私たちのビジョンの1つですが、海外ではすでにこれと似たコンセプトの取り組みが始まっています。認知症を有する方が暮らすコミュニティがつくられ、実際に運営されているのです。

オランダの「ホグウェイ」や、フランスの「ランド・アルツハイマー村」がそれです。これらのコミュニティの中では、社会の常識やしきたりなどに縛られることなく、本人の思う生活や行動が実現でき、困ったときは常にサポートをしてくれる人が周囲にいます。まさに私たちの目指す理想的なコミュニティです。

認知症村ではありませんが、ニューヨークの中心から車で2時間ほどの郊外にあるThe Center for Discovery（TCFD）という場所を訪れたことがあります。

TCFDは1つの巨大な街で、障がいのある子どもたちに教育や医療、住居を提供するとともに、大人になってもここを必要とする人のために医療や生活から就労、住まいまでを幅広くサポートします。私はそのTCFDで泊まり込みの研修を受けました。

そこには身体や精神・知的に多様なニーズを持つ人のほか、その人たちをサポートする約1700名の職員の方々が勤務していました。そして、その職員の大半は地域住民のような格好でその環境に溶け込んでおり、いかにも「管理者」や「介護者」めいた制服を着ていないところに好感を持ったことを覚えています。

またラボも併設されており、このコミュニティに集う子どもたちや利用する人たちが少しでも快適に穏やかに暮らせるよう、米国の著名な大学の研究者たちが集まりさまざまな研究を行っていました。

さらに、TCFD内には大半が寄付によってつくられた農園や畜産施設、映画館、スーパーマーケット、レストランなどもあり、障がいがある人が働いたり利用したりしていました。すなわち、普通の日常がその街にあるのです。こういう点もホグウェイやランド・アルツハイマー村と共通しており、私たちが思い描く認知症パラダイスと通じるところがあると感じました。

ホグウェイやランド・アルツハイマー村に対して、一部では「閉鎖的だ」「偽装的空間だ」といった指摘もあるようです。しかし、認知症ケアの目的は、原則として認知症を有する方が何事にも拘束・抑制されることなく自らの言動が肯定され、自らの存在が尊重され、ストレスや苦痛がなく、その状況に応じて自立した穏やかな生活を送れること、そしてその支援者のストレス軽減にもつながることであると私たちは考えています。

ホグウェイやランド・アルツハイマー村も、認知症を有する方々を温かく包み込み、安心できる環境の中で穏やかな生活が送れる場所であり、これも1つの立派な認知症ケアの形であるといえるのではないでしょうか。

認知症村はオランダやフランスが先駆的に始め、現在ではノルウェーやデンマーク、イタリア、オーストラリアも追随し、さらにイギリスやカナダでも計画が進んでいるようです。

私たちも一日も早く、老人ホームのあるフロアや敷地内からもっと範囲を広げたコミュニティをフィールドとして、認知症パラダイスの創造を目指していきたいと考えています。

第二章

新たな認知症ケアを知る

家族が陥りがちな〝負のスパイラル〟とは？

何度も同じことを聞かれて、ついイライラ……

例えば、認知症を有するおじいさんと家族の間で、こんな会話が交わされていないでしょうか。

昼食を済ませて少し経った頃、おじいさんが「お昼は食べたっけ？」と尋ねます。家族は「さっき食べましたよ」と答えます。おじいさんは「そう」とうなずきますが、しばらくしてまた尋ねるのです。

「ご飯食べたっけ？」

家族は、またかと内心思いながら、「食べましたよね、さっきも言いましたけど」と、やんわり注意します。「そうか」と答えるおじいさん。しかし、しばらくするとまた、おじいさんは尋ねます。

「ご飯食べたっけ？」

ついに家族のイライラが爆発。「何度言えばわかるの!?　いい加減にして！」

――いかがでしょう。こういう会話や光景は、案外多くの家庭でみられるのではないでしょうか。また、ここまでできつい言い方にはならなくても、もしかしたら老人ホームでもある光景かもしれません。

再三同じことを聞いてくる相手に、ついイライラしてしまう気持ちはわかりますが、ここで怒りを抱くのはナンセンスです。というのも、認知症というものは前章で説明したように、記憶が抜け落ちていく脳の機能障害だからです。

要は、覚えられないから認知症であるわけで、本人の努力ではどうしようもない能力の欠落を責めたところで状況の改善にはつながりません。であるにもかかわらず、つい相手を問い詰めるようなことを言ってしまうのは、介護する側が認知症の本質を捉えていないということでしょう。もしくはわかっていても、それを踏まえて向き合うほどの余裕がないということだと思います。

おじいさんの「ご飯食べたっけ?」という三度の質問は、本人にとってはどれも初めての質問なのです。新鮮な気持ちで、自分がご飯を食べたかどうかを真剣に聞いているのです。そこで「さっきも言いましたけど」「いい加減にして!」といった言葉が返ってくると、おじいさんは違和感や不安、あるいは怒りを抱きます。

否定されるストレスは、認知症を有する方を苦しめ、さらに症状を悪化させる原因になりかねません。そうした成果の見えないケアは介護者にとってつらいことですし、また介護の負担にも輪をかけることになります。結果として、さらに介護者のストレスが高じて、認知症を有する方を否定する言葉を発し、本人の症状がいっそう悪化していく――。そんな〝負のスパイラル〟に陥っているご家族は、実は非常に多いのではないかという印象を抱いています。

支援が介護する側の押し付けになることも

こうしたご家族の心情には2つのパターンがあると思います。

1つは認知症に対して知識のない場合です。なぜすぐに忘れてしまうのかがわからず、つい覚えさせようとしてしまうわけです。

もう1つは、認知症で記憶に障害があることはわかっているけれども、本人とのやりとりの中でついその事実が頭から抜け落ちてしまい、教えたり問い詰めたりしてしまうパターンです。

実際、ある程度認知症の進んだ方に算数のドリルやクロスワードパズルを解かせようとするご家族も少なからずおられました。認知症を有する本人は思うように正解できず、ご家族に叱られ、とてもつらそうでした。

また、認知症を有する方のご自宅を訪問した際、「トイレはここ」「冷蔵庫には○○が入っています」「ガスの火はこうやって止めます」といったメモが家中いたるところに貼られていたこともありました。ご家族がすべて書いて覚えさせようとしていたんですね。

認知症を有する方の場合、視覚に訴えることは確かに有効で、メモを貼る方法は間違いではありません。実際、第三章で詳しく紹介しますが、豊泉家でもメッセージカードを用いて入居者の方の生活改善につなげた例もあります。

ただ、この方のケースでは、ご本人はもう字が読めない状態になっておられましたし、何より整理されていない大量の情報が乱立する中であれこれ指示されることにパニックになっていました。本人の混乱を招くのであればその支援は成立していませんし、厳しい見方をすれば、むしろ介護する側の思いの押し付けともなるのではないでしょうか。

過去のイメージから脱却できない

昔のはつらつとした姿を知るご家族にしてみれば、認知症を患う肉親の現状を認めたくない、何とか以前のように元気になってほしいという悲痛な願望があるのだと思います。認知症の方たちにドリルやクロスワードパズルを解かせようとしたご家族の方たちも、最愛の父母やパートナーに元に戻ってほしいという必死の思いがそうさせたのだと思います。しかし客観的に見れば、できないことを強制するのは本人にとって苦痛でしかありません。

過去のお母さん、お父さん、奥さん、旦那さんのイメージを引きずっても過去に戻すことはできません。だからこそ、今目の前にいる大切な家族のありのままを理解することが重要です。

ご本人にとってもまた、大切な家族に自分を否定されるのは、身を切られるようなつらさであるはずです。本人を大切に思えばこそ、過去のイメージは胸の奥に封印していただいて、認知症を抱える今のご本人を丸ごと受け止めることから認知症ケアは始まるのです。

そのためにも、覚えさせよう、教えよう、元に戻そうという気持ちを捨てる必要があります。冒頭の、ご飯を何度も催促するおじいさんに厳しい言葉を発してしまう家族のように負のスパイラルに陥ると、いつの間にか家族の本来の思いとは逆の方向に発展しかねません。認知症の特性を十分踏まえたうえで〝負のスパイラル〟から脱却することが何より重要です。

認知症でも新しいことを覚える場合がある

なお、認知症の記憶障害について若干の補足をしておきます。

覚えさせよう、教えようとしてはいけないと申し上げましたが、認知症を有する方でも新しいことを覚えることはあります。個人差や状況もありますが、認知症の方がまったく記憶できないわけではないということです。

というのも、豊泉家では2ヵ年にわたってＮＥＣソリューションイノベータ株式会社が行った「介護事業者向けオンライン旅行サービス」（経済産業省「認知症共生社会に向けた製品・サービスの効果検証事業」）の実証プロジェクトに全面協力し、ＭＣＩ（軽度認知障害）の方と軽度認知症の方を対象とした「ＶＲ（仮想現実）旅行」のトライアルを実施しました（実施期間２０２１年９月～２０２２年３月、２０２２年９月～２０２３年１

月）。この実証プロジェクトはＶＲゴーグルを装着して、徳島の阿波おどりツアーや広島の宮島ツアーなどを臨場感たっぷりに疑似体験するというものです。

プロジェクトに参加してくださったあるＭＣＩの方は、事前に何度も十分に説明をした後でも最初にＶＲゴーグルを着けたときは、「なんでこんなもんを着けさせるんや！」と怒っていらっしゃいました。しかし、二度、三度とＶＲ旅行を楽しむうちに変化が表れました。「そうそう、前もこれを頭に着けたな。中で何か見えんねん」と、ゴーグルを自ら進んで装着される光景がみられるようになったのです。

その3日後に前回のＶＲ旅行の振り返りを行ったとき、最初はＶＲ旅行で行った場所やそのときの皆さんとの会話の話をしても、「そんなとこ行ったかな、そんなんしたかな」と曖昧な返答でした。しかし、ＶＲゴーグルを見せると、「あっ、ちょっと何か思い出した」「船乗ったな」「電車走ってたな」とそのときのことを思い出されていました。

2年目もこの方はメンバーとして参加してくださっていますが、今やこのＶＲ旅行をとても楽しまれており、またたくさんの方との会話や交流が増えたことで、以前に比べて記憶力の低下に伴う困りごとが減り、全体的に生活の安定が増したと現場の責任者から報告がありました。

ここで重要なのは、認知症を有する方自身が楽しんでいるということでしょう。覚えることがだんだん苦手にはなっているけれども、MCIや軽度の認知症の状態であればまったく覚えられないというわけではないのです。特に経験を通じて得たエピソード記憶は、比較的定着しやすいと考えられます。

こうしたケースは確かにありますが、一方で記憶の定着を無理強いすることは決してできません。本人がストレスを感じているのに無理に覚えさせようとするのは、百害あって一利なしです。すべてを介護者の〝当たり前〟や〝常識〟に当てはめ、覚えさせよう、教えようとするコミュニケーションは成立しないと考えたほうがよいでしょう。この線引きは微妙ですが、認知症ケアにおいて非常に重要で、留意していただきたいポイントです。

その時々の納得度合いは表情から推し量る

認知症ケアの成果とは、「認知症を有する方がストレスや苦痛を感じることなく、その状況に応じて自立した穏やかな生活を送ること」だと私たちは考えています。そして、もう1つ、同じくらい重視しているのが介護者のストレスを軽減することです。

懸命にケアをしているのにうまくいかないと感じる場合は、支援がきちんと機能しているかどうかをまず確かめる必要があるでしょう。その手掛かりになるのは認知症を有する方の「表情」や「行動」です。その状況に本人が納得しているかどうかは顔や行動に表れますから、介護する側がそこから推し量るのです。

眉間にしわが寄る、表情が暗くなる、介護者を無視して違う行動に出る、その場から離れるといった反応がみられるときは、話が通じていない可能性が高く、伝え方を工夫する必要があります。反対に、表情が和らいだり、行動が落ち着いたりするのであれば、そのコミュニケーションは成立しているといえます。

一般的なコミュニケーションであれば、双方がお互いのことを考えて歩み寄り、支援の調整を図っていくことができますが、認知症の方はそれができないことが多々あります。そのため、表情や行動から本人の思いを汲み取り、今行っているケアが妥当か、ミスマッチを起こしていないか、介護者が探っていく必要があるのです。ここが通常のコミュニケーションと認知症ケアのコミュニケーションの違いといえます。

介護職がはまりやすい〝こうあるべきケア〟

できることより、できないことに目が行ってしまう

認知症を有する方に対し、教えたからできるだろう、さっき言ったから覚えているだろう、わかっているだろうと思ってしまうのは、ご家族だけではありません。実はプロの介護者の中にも、この落とし穴にはまる人が少なくないのです。

特に、できることよりもできないことに目が行ってしまうケースは非常によく見聞きします。例えば、食事の際に箸やスプーンがうまく持てないと、介護者が食べ物を口へ運んでしまう。本人がテレビのリモコンを取ろうとしていると、介護者がサッと取って本人に渡してしまう――といった具合です。

プロの介護とは本来、介護を必要とする方のできることを見つけて、できる限りその能力を使ってもらい、自立した生活に導いていく、すなわち自立支援です。もちろん本人がどうしてもできないことは補っていく必要がありますし、できることでもそのことに時間がかかりすぎて他の大切な時間を奪ってしまうような状況では

当然お手伝いや介護をしますが、できる限り本人の能力や強みを見極めて引き出し、それを生活に最大限活かしていくわけです。こうした介護の仕方はなかなかご家族には難しいことで、そこにこそ専門家としての存在意義があるのではないかと考えます。

ですから、箸やスプーンがうまく持てない人には手を添えて補助する、あるいは本人が（箸やスプーンを使うことを忘れて）手づかみで食べるのを望むのなら、手づかみで食べられる食事を用意し、自分で食べてもらうのです。このとき、介護者の仕事は衛生面や食事の形状・温度に配慮するということになるでしょう。

リモコンを取ろうとして取れない人には、介護者がいったん取って本人が取れるようにテーブルに置いてあげる。そして、本人の手でテーブルからリモコンを取る。そんなやり方もあるわけです。

「できる限り誰かにしてもらうことを少なくする」、また「誰かにしてあげられることを見つけ出し増やす」――。人って誰かに何かをしてもらってばかりだと恐縮し、それが続くと日常に嫌気がさしますよね。介護を必要とするということは、嫌でも人に何かをしてもらうことが増えます。だからこそ、真の介護とは「誰かにしてもらう」ことと「誰かにしてあげる」ことの均衡を図り、介護を必要とする方が少しでも意欲的な生活ができるようにすることだと思います。

それぞれの人が輝く場面をどうつくっていくか

しかしながら、今の介護現場は時間的にも人的にも余裕がないうえ、本人に任せることで起こるトラブル（ケガや事故の発生、スケジュールの破綻など）を過剰に恐れ、できないことを見つけると、すぐに手出ししてしまう傾向が強いと感じます。

認知症を有する方がゆっくりと何かに取り組むさまは、はたから見ていて歯がゆいかもしれません。しかし、「待つ」「見守る」時間を排除していくと、無機質なものしか残りません。結果として、その人の持っているものを損なったり弱めたりすることになり、本人も自分を「介護される人」とみなし、生きる意欲が削がれ、自立から遠ざかってしまう。要するに、介護をしているようで、実は生活支援とは逆の結果を招いてしまっているわけです。

介護のプロだからこそ、本人の意欲や能力を見極めて引き出す力が問われますし、能力を引き出されたことで、その人は誰かに何かをしてあげる立場にさえなれるかもしれません。それは本人の自信や自己効力感、自己有用感につながり、ＱＯＬの向上に大きく寄与します。

　例えば、お味噌汁をつくるという一連の行為や行動はできなかったとしても、その行為・行動を細かく分解することで、鍋を持ってくることならばできる、包丁でネギを切ることならばできる、お味噌汁をお椀によそうことならばできるというように、認知症を有する方ができることはどんどん増えていきます。また、入浴やトイレ、着替えなどは人の手を借りなくてはならないとしても、編み物が上手ならばその人は編み物を教える先生になれるでしょう。大きな声で歌える人なら合唱のリーダーになれるでしょう。

　そうやって周りの人に「ありがとう」「すごいね」と認められることが、どれほどその方に生きる喜びを与えるでしょうか。それぞれの人ができることをいかに見つけるか、一人ひとりが輝く場面をどうつくっていくか、それがプロの介護者に問われる課題だと思うのです。

〝常識〟をつくり出す3つの「思考のクセ」

無意識の作用でバランスを欠いたケアに

ここまで家族やプロの介護者が陥りがちな「思い込み」や「負のスパイラル」「こうあるべきケア」について説明してきましたが、これらの落とし穴には共通項があります。それは「自分の感覚・感性や価値観に相手を当てはめようとする思考」です。実は私たちの日頃の行動はメンタルモデルに基づいています。メンタルモデルとは個々人が持ち合わせる思い込みや価値観・常識のことであり、思考に至る前提としての潜在意識のことです。

この潜在意識は、自分のこれまでのさまざまな経験によるものであり、人は個々の経験をもとにメンタルモデルができ、それに基づいて思考が形成され、そしてその思考に基づいて言動が引き起こされます。このメンタルモデルを構成するものとして、具体的には「ステレオタイプ」「アンコンシャスバイアス」「パターナリズム」という、3種類の意図しない心の動きがあると考えられます。

ステレオタイプとは、「こうあるべき」「こうでなければならない」という思い込みや固定観念からなる先入観のことで、定型化された〝当たり前〟〝常識〟を指します。例えば、「ご飯は箸やスプーンを使って食べるべき」「寝るときは布団やベッドで寝るべき」といったものが挙げられます。

アンコンシャスバイアスは、自分自身では気づいていない、ものの見方や捉え方のゆがみ、偏りを意味します。私たちが持っている無意識の思い込みは物事を迅速に判断し、高速思考を可能にしますが、そこには「無意識の偏見」も生まれ、これをアンコンシャスバイアスといいます。先のステレオタイプが定型化された〝当たり前〟〝常識〟なのに対して、アンコンシャスバイアスは私見や私情を伴う感情や良し悪しの評価がなされたものです。例を挙げれば、「手で食べると、恥ずかしい、汚い、汚れる、やけどをする」「ソファで寝ると風邪を引く」といったものがあります。さらに、そうした見方は「自分たちがきちんとケアをしていないと思われる」という発想に発展し、「何としても手づかみでご飯を食べることを阻止する」「ベッドで寝てもらおうとして何度もベッドへ誘導し続ける」ということをしてしまいます。

パターナリズムとは、専門職や権威者が、相手（特に弱い人など）の利益のためだとして本人の意思や話にあまり耳を傾けずに一方的に自らの価値観に基づいて支援することです。医師や介護職といった支援者が自分たちの価値観に則って、良かれと思ってそちらへ誘導していくようなことが挙げられます。例えば、「カロリーが計算されたバランスのよい食事を毎日3食食べることが本人の健康のためであるとして、本人のこれまでの食事パターンや嗜好品を考慮せず食事を提供し続ける」ことなどがこれに当たります。

介護者のストレスの元凶にもなり得る

私たち人間は社会生活を営むうえで、メンタルモデルの構成要素であるステレオタイプ、アンコンシャスバイアス、パターナリズムを、「当たり前のもの」あるいは「暗黙知」として身につけていきます。これは無意識のレベルにまで定着するため、一度これらを獲得すると新たな出来事や経験に出合ってもなかなか変えることが難しいのが実情です。

一方、認知症を有する方は、そうした社会の常識や固定観念などの枠組みから解放され、社会の中での生活から自らの世界での生活へと切り替わっていきます。常識や当たり前を前提とした社会から解放され、思うままに今を生きる認知症の方にとって、ケアを提供する側のメンタルモデルは認知症を有する方の自由を阻害する邪魔なものでしかない、そんなことが往々にしてあるのです。それなのに介護者が〝常識〟や〝こうであるべき〟という価値観にこだわって、相手に求めてしまう。その帰結が「何度か言えば覚える」「ドリルをやれば、また計算ができるようになる」「頭を使えば認知症は改善する」「食事は箸で食べるべきだ」という思考に基づいた行動につながり、それに反する行動を取る認知症の方への不満、さらには本人を否定するような対応につながるという、ケアのミスマッチが生じてしまうのです。

認知症ケアにおける介護者のストレスの元凶は、自らのうちに育んだこれら「思考のクセ」であることを、まずはしっかり認識する必要があります。これは在宅で介護されている方、施設で介護するプロの方を含め、すべての介護者が心得なければならないことであると、声を大にして言いたいと思います。

パラダイムシフトへの1st STEP――メンタルモデルに気づく・知る

私たちの認知症ケアのパラダイムシフトとは、この思考のクセの発見、気づきそのものです。

ステレオタイプ化された発想や無意識のバイアスから解放されない限り、いくら認知症の方の状況に合わせようとしたところで、いざご飯を手づかみで食べ始めるとやはりスプーンを持たせてしまう、それができなければいきなり食事の介助をするといったことが起き、一般の介護の現場ではそうした行為が横行しています。


「ご飯を食べるときはお箸を使ってもらわなければならない」

「お風呂に入ってもらわなければならない」

「徘徊は止めなければならない」

「夜はベッドで寝てもらわなければならない」――。


こうした介護者の固定観念は、これらが実現できなかったときに苛立ちが募る原因となり、ひいては認知症を有する方のストレスを増加させたり、QOLを押し下げたりすることになるため、不幸せな認知症ケアにつながります。勘違いしてほしくないのは、これは放任を推奨しているのではなく、型にはめた無理強いは両者にとってよくないと言っているのです。「そうできなくても別にいい」と肩の力を抜くことで、認知症を有する方にもっと優しくなれますし、相手の気持ちを受け止めることができるようになり、結果として相手の表情も穏やかになります。お風呂を嫌がっていた人ならば、表情が穏やかになったときにもう一度お風呂に誘ってみるのもよいでしょう。また、その状況で落ち着いているならば、それをそっと見守り、そこに危険なことやリスクがないかを見極めて必要な環境を整えましょう。

「視点」「視野」「視座」を意識する

無意識に近い潜在意識として存在する自らのメンタルモデルを顕在意識に移行するためには、「視点」「視野」「視座」を意識してものの見方や範囲、立ち位置などを変えて見ることが重要です。

視点を変えることで、認知症を有する方が「病気を抱える人」というだけでなく、「一人の人間」「誰かの役に立っている人」となるでしょう。

また、視野を広げることで、介護拒否をされたとしても背景に何があるのかを冷静に探ることができるでしょうし、あるいはいったんその場を離れて気持ちを落ち着かせることもできるでしょう。

さらに、視座を意識することで、日々の仕事に追われて知らず知らずのうちに自分の都合を優先させていないか、自分が何をしなければならないかではなく、相手がしてほしいことにしっかり焦点を当てているか、そんなことに思いを巡らすことができます。そうやって発想を転換し、意識と行動・実践を結びつける「知行合一」が肝心です。発想を変えることだけでも大変ですが、それを実行することはさらに困難を伴うことを、常に意識しなければなりません。

正直に言えば、私たち豊泉家の介護スタッフも、頭ではわかっていてもつい自身のメンタルモデルに則った行動をしてしまいがちなのです。ただ、ステレオタイプ、アンコンシャスバイアス、パターナリズムといった知識があることで、自分の心の動きを客観視しやすくなり、行動を修正しやすくなります。また、研修やお互いをチェックし合う仕組みを通じて、思い込みに基づいた行動からの脱却を常に心がけています。油断すると人は誰でも自分の色眼鏡で世界を見て判断しがちです。そこからの脱却は容易ではありませんが、しかしこれを乗り越えなければ認知症を有する方にとってのパラダイスは実現しません。

言葉と行動が一致しない介護の「あるある」

もう1つ、気を付けなければならないことがあります。介護の現場にはある種、固定化されたセオリーともいうべき流れがあることです。これは特にプロの介護者にみられることです。

例えば朝、入居者の部屋に入って「おはようございます、よく眠れましたか？」と言いながら、相手の返事を待たずにカーテンを開ける。

「今日は暖かい一日になるそうですよ」と言いながら、その日の天候や入居者の気分に合わせて服を選ぶのではなく、昨晩セットした服をそのまま差し出す。

廊下ですれ違いざまに入居者に「ご飯は食べましたか？」とにこやかに声をかけ、相手が「はい」という返事の後に何か言おうとしているのに、そのまま次の業務のために遠ざかっていく——。このように、言っていることと実際の行動が一致していない、いわゆる言行不一致は、介護の現場で非常によくみられます。


なぜこうしたことが起こるのかというと、生活の場面ごとでケアがフレーム化されており、しかもそれが日課という流れの中で提供される仕組みになっているからです。そこでは入居者の行動や反応よりも、日課に沿って生活の流れができてしまっているのです。起床時には「おはようございます。よく眠れましたか？」と声をかけ、カーテンを開けて起床を促す。このセオリーに則った形でケアをしているのだから、自分はちゃんと介護ができているはずだと思い込んでしまうのです。

実際の入居者の生活と介護にミスマッチが起こっているにもかかわらず、そのことに介護者自身が気づいていない。こうした現象は、特に介護の専門職に起こりやすい傾向があると思います。これもまた介護者の世界観の中で物事が完結してしまっているパターンであり、前述した思考のクセと同じく、無意識のうちに入居者の存在を軽んじる行動につながっているわけです。

介護者の言行不一致は、認知症を有する方にとって混乱とストレスの一因となり、何度も同じようなことが繰り返されることで、不穏や暴言、食欲減退などに発展しかねません。そして介護者自身もそうした反応を見せる相手に不満を抱き、懸命にがんばっても成果が出ない苛立ちがストレスとなり疲弊していきます。

認知症を有する方とケアする人の双方が報われない、これほど不毛なことはありません。この解消には、認知症ケアにありがちなストレスの連鎖を断ち切ることが欠かせませんし、そのためにはよくある介護のセオリーに流されないことです。偏りのない目で相手の表情や行動を見つめ、適切なケアがなされているかどうか、常に自己点検する。そんな姿勢が欠かせないと思います。

これまでの認知症ケアは間違っていた！

手づかみで食べる山本さんが与えてくれた気づき

このようにして見ると、認知症ケアでは介護する側の〝常識〟や〝当たり前〟を当てはめがちであることがおわかりいただけるのではないでしょうか。

特に介護のプロは「利用者本位」「顧客本位」という言葉を重んじる方が多いのですが、実際は介護者のメンタルモデルに伴う思考に基づいて行動していることが多く、結果的に利用者本位になっていないケースが少なくありません。

事実、私たちもかつては同じ過ちを犯していました。自分たちの〝常識〟や〝当たり前〟を当てはめてケアを行っていたのです。それが間違いであると教えてくれたのが、「はじめに」でも触れた山本珠江（仮名）さん、83歳（当時）の女性です。

山本さんは夜間に居室から出てきてソファで眠ることがしばしばありました。また、食事を手づかみで食べる姿も頻繁にみられました。ご家族の話によると、看護師であった頃はしっかり者だったとのことで、私たちはこれらを山本さんにとってよくない生活行動と捉え、一般的な生活に山本さんを近づけることが少しでもご本人のためになると信じ支援を始めたのです。例えば、夜間にソファで寝ていたら居室のベッドへ誘導し、手づかみで食べている場合はスプーンや箸を使ってもらうよう促しました。ところが、支援を続けて約1ヵ月後、愕然とする光景に言葉を失いました。豊泉家の特養ではセキュリティのために一部の共用スペースにカメラを設置しているほか、認知症ケアのR&D（Research and Development／研究開発）のためにご家族の承諾を得て何人かの入居者の居室にもカメラを置いています。その映像を見ると、ベッドで眠るよう居室に誘導された山本さんが、暗闇の中、ベッドの端に腰かけてがっくりとうなだれているのです。スプーンや箸を無理に持たされて食事中に手が止まったり、表情をこわばらせていたりする映像もありました。さらに、それまでなかった介護拒否がみられるようになり、夜間の徘徊も増えているといった報告もなされるようになりました。山本さんはその表情や行動で、私たちの支援が間違っていることを訴えていたのです。

私たちは支援を徹底的に見直しました。その結果、自分たちが世間一般の常識や人としてあるべき姿を〝当然のもの〟と思い込み、その枠組みから外れた山本さんの行動を暗黙のうちに否定しているのではないか、ということに気づいたのです。

それが自分たちの内側にあるステレオタイプ、アンコンシャスバイアス、パターナリズムを認識した瞬間でした。

決められた枠組みに縛られて、〝人としてこうあるべき〟〝あなたはこうあるべき〟という発想に山本さんを当てはめ、それを正として評価してしまった結果、目の前の山本さんの姿や行動を全否定していた――。それを認めることは、自分たちが真面目に一生懸命取り組んできたことがまるっきり間違っていることを認めることであり、私たちにとって非常につらいことでした。しかし、それを直視することでしか道は開けません。私たちは支援一つひとつの改善に乗り出しました。

新発想のケアで山本さんに笑顔が戻った

ご家族によると、山本さんは看護師だった頃、夜勤中にソファで仮眠をとっていたそうです。山本さんがご自身の世界の中でその時代に戻っているのだとしたら、居室のベッドで寝ることのほうが不自然だろうという考えに思い至りました。

そこで、山本さんの「現実」を肯定して、スタッフはソファを清掃・除菌し、そこで山本さんが眠ったら居室へ誘導せず、暖かい毛布をかけて見守ることにしました。また、食事を手づかみで食べたいのならば、そうしていただこうという方針に切り替えました。無理に箸を持たせるのでなく、山本さんの手をきれいにして、やけどをしないよう料理を少し冷まして提供するようにしたのです。

　すると、山本さんはソファでぐっすり眠り、食事もよく食べるようになりました。何より穏やかな表情が増えていき、移動の際には他の入居者の車椅子を笑顔で押すなど、いきいきとした振る舞いが増えていったのです。

　山本さんへのケアは山本さんにしか通用しない「n＝1」にしか過ぎませんが、実は非常に多くの示唆を私たちに投げかけてくれました。

　自分たちの言葉と行動がいかに乖離していたか。認知症を有する方の行動をどれほど抑制・否定していたか。相手のためと思ってやっていたことが、実は自分のメンタルモデルに沿ったケアであったこと。その結果、良かれと思ってやっていたケアが、いかに認知症を有する方の自立や自由、もっと言えば笑顔を奪っていたか。そして、それらをいかに無意識に悪気なくやっていたか――。

　事実の理解や受け入れが難しい方に対して、常識の枠組みに当てはめようとするケアは、一つ間違えば相手の尊厳や価値観を踏みにじり、介護者のメンタルモデルに当てはめた〝矯正〟やその先の〝強制〟につながります。認知症の状態を「劣っている」とみなすことで、そこから救い出すことが美徳であると錯覚してしまいます。そうではなく、認知症を有する方の中には、私たちの常識と異なる独自の世界観や価値観を持ち、そしてこれまでの社会のしがらみから、ある意味解放された状態にある方がいることを理解し、それを多様性の1つとして認めることが大切です。

もちろん認知症を有していても一般的な常識やしきたりを伝えられることで、そのことを受け入れ理解ができる方はそちらへ誘導することも大切ですが、見極めを間違うと山本さんの事例のように生きる活力を奪ってしまう結果になります。

この見極めについては、障害者福祉の分野でも議論される「同化と異化」に相通じるものがあり、同化としてのインテグレーション（統合）か、異化としてのインクルージョン（寛容）かの2つの視点が重要となります。認知症を有する方でも、何らかの支援を受ければ一般的な常識やしきたりに伴う生活様式に適応できる場合は、それに同化させることが望ましいことでしょう。しかし、山本さんのように一般的な常識やしきたりを忘れてしまっている場合は、これまでの生活様式に同化させようとしてもうまく適応できません。このような時は、その方の今現在の世界観や価値観を寛容し、異化として一人ひとりの特徴に応じた支援や環境整備をすることが望ましいのです。この視点に基づく支援の見極め方は、後ほど述べる豊泉家認知症ケアメソッドの原点となるものです。

このようなことが起こるリスクの高い介護現場において、私たち介護者は常に自分たちの行う支援について意識し、それが相手に対して真の支援につながっているかどうかを振り返らなくてはなりません。認知症を有する方をケアするうえで自らの思考のクセに陥っていないかどうか、自らを戒めていかなければならないのです。

このことは、介護という仕事に限らず対人援助の仕事をする者にとって、非常に重要な専門性の1つであると考えます。

「その人らしさ」とはいったい何なのか？

介護の現場では、「認知症を有する方のその人らしさを尊重することが大切だ」とよく言われます。私自身も、かつてそう教わりましたし、自分でも介護する方の「その人らしさ」を大事にしたいと思っています。

しかし、山本さんのケースを含め、現場でさまざまな経験を重ねるうちに「その人らしさ」を考えることとは、大変奥深く簡単に口にするような軽いものではないと思うようになりました。自分自身を振り返っても、自分らしさとは何かと問いかけられて「これだ」と即答することはできません。そもそも即答できる人は、果たしているのでしょうか。

人間は誰しも多様な顔を持ち合わせています。家庭での顔、職場での顔、学校での顔、一人でいるときの顔、どれも皆違っていることでしょう。また同じ家庭での顔であったとしても、例えば家族と団らんを楽しんでいるときの顔、いたずらした子どもを叱るときの厳しい顔、考えごとをしているときの顔など、状況によってこれもまたさまざまであるはずです。

認知症を有する方もまた、場面によって多種多様な顔を見せます。陽だまりに包まれてニコニコとほほ笑んでいることもあれば、不安や恐怖から怒って暴力的になることもあるかもしれません。

介護者が現場で見る顔は、認知症を有する方のほんの一部に過ぎません。その一面を拡大して、しかも介護者の主観でたやすく「その人らしさ」を定義することは非常に危うい行為だと、今は思うようになりました。

ご家族にしても、認知症を有する親や夫、妻のことはよく知っていると思いがちですが、前述の通り家庭の中でも人は多様な顔を持ち合わせているわけです。家族に見せていなかった顔が、認知症になったことで表れてくることもままあります。

しかし、それも含めてすべてが「本人」であることは疑いようのない事実です。

要は、プロの介護者も家族も、認知症を有する方の「その人らしさ」を決めることはできない、そんなことは誰にもできないのではないか、ということです。いわば「その人らしさ」とは、あってないようなもの、ほとんど幻想といってもよいかもしれません。

であるならば、その方の過去を取り戻すことよりも、今のあるがままのご本人を受け止めた中で、いかに穏やかに過ごしていただくことができるか、そこがケアの主眼になると思うのです。

認知症を有する方のご家族からよく聞かれるのが、「これはお父さんの本当の姿じゃない」「お母さんはこんな人じゃなかった」といった嘆きの言葉です。ご家族がそう思いたい気持ちはよくわかります。しかし、認知症は脳の器質的な変化に伴い、いろいろな変化が起きていくものであり、それも含めて父であり母であると受け止めることから認知症ケアが始まります。

「その人らしさ」より「ありのまま」が大事

プロの介護者に対しても同じことがいえます。中には認知症を有する方の過去にとらわれすぎてしまう人がいて、それは認知症ケアの質を損ないます。

例えば、高齢者施設で入居者の生活支援を検討するためのツールとして、フェイスシートやアセスメントシートがあります。それらのシートに入居者の氏名・住所、家族構成などの基本情報、生活歴や既往歴、職歴、家屋の状態等、さらには現在の健康状態や心身機能の状況などを書き出し、その情報をもとにどのような支援が望ましいかを考えるのです。その際、シートに基づく形で入居者を以前の状態に近づけよう、戻そうという支援がみられることがありますが、それは厳に慎むべきでしょう。

すでに説明した通り、認知症は脳の不可逆的な変化がもたらすものです。したがって認知症を有する方を過去の状態にいくら戻そうとしても、それは無理なのです。

これらのツールを、その方の言動の意味を把握するために使うことには意義があると思いますが、過去の「その人らしさ」を求めるために使うことは、ケアの本質から外れると言わざるを得ません。過去にこだわるのでなく、過去を知った上でこれからの生活をどうつくるか、これからの未来をどうつくるかを考えたほうが建設的であり、現実的ではないかというのが私の考えです。

実際、以前は好きだったものが、認知症を有したことで変化するケースは往々にしてあります。昔は大相撲が好きだった方に、「テレビで大相撲が始まりましたよ」と伝えても、何の反応も示さないことはよくあることです。「その人らしさ」よりも、その人の「ありのままの現状」を受け入れて未来を見ていく。それこそが認知症ケアのポイントではないかと思います。

繰り返しになりますが、私たちが目指すケアの成果は「認知症を有する方がストレスや苦痛を感じることなく、その状況に応じて自立した穏やかな生活を送ること、そして介護する側のストレスも軽減できること」です。曖昧模糊とした「その人らしさ」にこだわり、それに振り回されると建設的なケアが実現できませんし、介護者も空回りして疲弊するばかりでしょう。

あくまでその時その時の表情や行動を見て、その場を穏やかに、快適に過ごしていただく。それこそが認知症ケアの根幹であり、その一瞬一瞬の積み重ねの上にQOLの向上がもたらされるのだと私たちは信じています。

きっとご本人も過去の自分ではなく、「今の」「ありのままの」自分を受け入れてほしいはずです。

「あの頃は私、ムキになってたね」

実際に、発想を切り替えることで穏やかな関係性を取り戻されたご夫婦がおられます。

80代のご夫婦で、旦那さんが認知症になられたのですが、奥さんは当初、在宅で介護をされながら、盛んに記憶を戻そうとしたり、昔のことを思い出させたりしようとがんばられたそうです。

自分を指さしながら「私が誰かわからないの？　どうしてわからないの？」と聞いたり、「あなた、これ好きだったでしょ？」と確認したり、写真を見せながら「一緒にここに旅行したでしょ。どうして忘れちゃったの？」「この人、誰だかわかる？」と質問したり……。しかし、旦那さん本人には響かず、空回りの日々だったといいます。それどころか、旦那さんの表情はくもり、言葉も少なくなっていったとのことです。疲れ果て途方に暮れ虚無感に苛まれた奥さんが、もう家での介護は限界だと判断し、旦那さんは豊泉家へ入居されることになりました。

しかし、私たちの旦那さんへの接し方を見られ、また私たちから奥さんに「無理に思い出させよう、わからせよう、覚えさせようとすることは、かえってご本人を萎縮させたり、混乱させたりすることになるので逆効果ですよ」と何度かお伝えするうちに奥さんの旦那さんへの接し方が変わっていきました。旦那さんが今できる会話を見つけたり、旦那さんが話す内容に合わせて、その時その時のコミュニケーションを図られるようになったのです。もちろん会話の連続性はなく、話したことも数分後には忘れていますが、旦那さんの態度は以前のように柔らかく穏やかになり、今は面会に来られる奥さんと仲良くお話しされる状態が続いています。

奥さんは在宅介護をしていた時期を、「あの頃は私、ムキになってたね」と笑いながら振り返っておられます。旦那さんの記憶は戻らないままですが、その「ありのままの姿」を尊重することで、再びご夫婦の穏やかな時間を取り戻すことができたのです。そのことこそが奥さんから旦那さんへの最大の愛情表現であるのではないかと思います。

意図的に気づきを重ねてメンタルモデルを変えていく

このように、自らの思考のクセを理解して行動を改めることのできるご家族がいる一方で、実はプロの介護職がなかなか〝こうあるべき〟から脱却できない例も目立ちます。

私たちの思い込みや思考のクセはかなり強固なもので、一度改善ができたと思っても、放っておくと元に戻ることは珍しくありません。頭ではわかっているけれども、いざ現場に入ってケアをすると認知症を有する方の行動をついつい〝こうあるべき〟方向へ矯正しようとしてしまう、そんなケースがよくみられるのです。赤信号で渡ったらいけないことはわかっていても、つい渡ってしまって交通事故が減らないのと同じで、知行合一の難しさを実感します。

これをクリアするため、豊泉家ではいくつかの仕組みを設けています。

その1つとして、現場研修や事例研修において関係者間で事例を共有し、改善策の検討を行っています。すると、その過程で介護スタッフの偏った考え方が浮かび上がってくることがあります。〝常識〟や〝当たり前〟につい引きずられているという気づきを皆で共有することが、自らのメンタルモデルから脱却する第一歩といえるでしょう。

また、スーパービジョンという育成制度もあります。現場を担当する専門職をスーパーバイジーと呼びますが、そのスーパーバイジーを指導者的立場にあるスーパーバイザーが指導し、さらにそのスーパーバイザーを施設長や運営本部長などの上級スーパーバイザーが指導する仕組みです。それぞれ専門職が重層的にフォローすることで、レベルごとに異なる気づきを促し、指導を深めていくわけです。

在宅で介護をされている場合は、ご家族の中で互いにうまくいったケアや失敗したケアを持ち寄って情報を共有したり、〝常識〟や〝当たり前〟に偏っていっていないか確認し合ったりするのもよいでしょうし、もちろん私たちのような専門家に相談されるのも一手と思います。

自らのメンタルモデルへの気づきは、年齢や経験とは相関がないようです。ベテランほど早く気づいて実践できるかというとそうでもありませんし、新人でもすっと自分の中に落とし込めて思考のクセを回避しながら行動に移せる人もいます。個人差のあるところがケアの難しさであり、単純にはいかないところなのです。

認知症の方が求めているのは「真の尊厳」を守ること

前述の通り、私たちはつい自分の思考のクセの方向にケアの成果を求めてしまいがちですが、それを乗り越えた先にあるのが認知症パラダイスであると思います。すなわち、認知症を有する誰もが自らの存在を肯定的に認められ、最期まで生きる本能を支えてもらえる、そのようなケアの現場です。

先ほど、プロの介護は「その方のできることに焦点を当て、能力を引き出すこと」と説明しましたが、これもまた言うは易く行うは難しの一例といえるでしょう。

認知症の方の場合、自分の要望や意見を言葉や行動でうまく表現できません。しかし、自分が思うことや考えていること、感じていることは当然あります。例えばオムツを外してしまう、食事を手づかみで食べる、隣の人の食事をとってしまうといった行動も本人にとっては考えや思いがあってのことです。しかし、そうした振る舞いは介護する側に「困った」行動として捉えられ、注意されたり、止められたりすることになります。

一般的には、不必要にオムツを外す、手で食事をする、隣の人のご飯をとってしまうことはいけないことなので、その行動を止められるのは当たり前のことでしょう。しかし、本人にとっては悪いことをしているという前に、何かの意味があってやっていることなので止められると納得がいきません。

行動を否定されることを喜ぶ人はいません。認知症を有する方もまた、自分がどんな行動をしていてもそこには何らかの意味や目的があることを理解してほしい、そのうえで基本的には自分自身の今の状態を認めてほしい、肯定してほしい、そう思っているはずです。

どんな振る舞いがあったとしても、その意味や目的の理解に努め、最後の最後までその方を肯定する。生きる本能を応援する。それこそが「真の尊厳を守る」ことにつながるのだと考えます。

介護の現場が人手不足で時間に追われ、しかも思い通りに進まないストレスを抱えがちであることは重々承知しています。しかし、介護という仕事の成果をその方の自立を支援し元気にすることだと位置づけるのであれば、そこを見失ってはなりません。多少スケジュールが遅れたところで、それは枝葉であって、目的をないがしろにするのは本末転倒と言わざるを得ないでしょう。ケアの根幹をしっかりと果たすことができれば、そこにやりがいが生まれ、ストレスの軽減にもつながるはずです。

できる限り、その方の持っている能力を使って生活をしていただく。そして、足りないところがあれば介護者が補っていくと同時に、その方のできること、残存能力を見つけていく。その結果、本人の自信が回復したり、持っている能力を他者に還元し貢献できたりすることは大いにあります。そうして得られる自己効力感や自己有用感、自己肯定感が、認知症を有する方を元気にするのです。

そのためには、前述のように一連の行為や行動を分解することも重要です。例えば、「掃除をする」という行為は「片付ける」「はたきをかける」「掃除機をかける」「モップで拭く」といった行動から成り立ちます。これら全体をひとまとまりとするならば、認知症を有する方は「掃除ができない」かもしれませんが、はたきをかけたりモップで拭いたりするなど、部分的な作業はできるかもしれません。

そんなふうに、その方ができることはどこかに大抵あるものです。すべてができなくなっているのではないという心づもりで、残っている力を引き出すことが介護者には望まれます。きっとご本人もそれを望んでいるでしょう。

3つの新メソッド　〜これがケアの常識を変える！

パラダイムシフトへの2nd STEP――認知症ケアを大転換する3つの手法

前述の通り、私たちは山本珠江（仮名）さんのケアにおいて、それまで正しいと信じていた価値観をことごとく覆され、新たな気づきを与えられました。そして16年間に及ぶ研究・実践活動を経て2つのメソッドを確立し、さらに2年をかけてその2つのメソッドを融合する形で3つ目のメソッドを編み出しました。すなわち、認知症ケアの大転換を図る3つのメソッドを確立するに至ったのです。

それが「ロジカルケア（事実受容支援）」と「ラテラルケア（現実肯定支援）」、そして両者を融合した「インテグレイティブケア（統合的支援）」です。次章以降で詳しく説明しますが、ここではそれぞれ簡単にポイントを押さえておきましょう。

ロジカルケア（事実受容支援）

認知症により今現在の状況、すなわち客観的事実が曖昧に、もしくはわからなくなって混乱している方に対し、介護スタッフが本人に理解できる手段で何度も根気よく客観的事実を伝えることで、認知症を有する方が自ら事実を受け入れ、その場その場の理解が促されるよう支援するものです。

私たち自身に置き換えて考えるとよくわかります。物事は過去から現在、現在から未来へと時系列に進んでいくのが通常であり、私たちは今目の前で起きている出来事をこの流れの中で理解しているため、納得し受け止めたうえで次の行動に移ることができます。しかし、私たちも突発的なことが起こると理解に苦しみ納得がいかない場合があります。

認知症を有する方は、記憶が曖昧かつ途切れ途切れの中で生活しています。そのため、私たちにとっては時系列に見て当然のことでも、認知症の方にとっては出来事が突如として目の前に現れている状態なのです。また、認知症の方に目の前にある事実の理解を促すには、認知症によって理解力や推論力が低下していることを考慮し、状況や情報を整理してわかりやすい、伝わりやすい方法でコミュニケーションを図ることが求められます。これらを踏まえ、認知症の方に対し、その場その場の事実の受け入れを支援し納得を促すのがロジカルケア(事実受容支援)です。

ラテラルケア（現実肯定支援）

客観的事実が理解できない方に対し、認知症を有する方の頭で再構成した事実、いわゆる本人にとっての今現在の現実を介護スタッフが理解し、場面ごとに応じた支援を行うものです。そのため、思考や場面は必ずしも一直線上ではなく、あちらこちらに飛んでも構いません。言い換えれば、認知症を有する方が見ている世界に介護する側がチャンネルを合わせるように入り込んで支援を行うことを意味します。

これも自分自身に置き換えるとよくわかると思います。ロジカルケア（事実受容支援）をもっていかにわかりやすく説明しても目の前の事実が理解できず、一方で自分が見ている状況に対し周囲の人が誰も理解を示さず否定され続ける。通常であれば、「あれ？」と状況を見直すことができるかもしれませんが、認知症の方は時系列の記憶が崩れていることから、そのことに気づくことができません。自分の見ている世界とまったく別次元の問いかけに不安や苛立ち、悲しみ、怒りなどさまざまな感情が噴き出し大混乱です。そのことを理解して受け止め、相手の世界へと入って安心感をもたらし、納得を促すのがラテラルケア（現実肯定支援）です。

インテグレイティブケア（統合的支援）

ロジカルケア（事実受容支援）とラテラルケア（現実肯定支援）のよいところを取り入れ、統合する形で支援するケアです。認知症を有する方の中には、状況や場面、時間などによって、ロジカルケア（事実受容支援）が有効だったり、ラテラルケア（現実肯定支援）が有効だったりする方がいます。そういう方の場合は、その時々の状況における相手の反応を見ながら、両方のケアのよいところを使い分けるインテグレイティブケア（統合的支援）を適用するということです。

反応を見ながら介護者がケアを変えていく

「事実」を伝えて受け止められる人には、ロジカルケア（事実受容支援）で理解を促し、過去から現在、現在から未来へと続く流れが途切れ途切れになった客観的な事実をその場その場で理解し納得してもらうことで混乱を最小限に抑え、少しでも穏やかに生活できるようサポートしていきます。しかし、「事実」を伝えることでより混乱してしまう人に対しては、ラテラルケア（現実肯定支援）を通じて今その人がどういう「現実」に生きているのかをその場その場で察知し、介護者がその人の「現実」

● 3つの新メソッドの概念図

ロジカルケア（事実受容支援）

今現在の状況がわからなくなって混乱している人に対し、介護スタッフが「事実」を伝え、本人が「事実」を受け入れることができるよう支援する。

ラテラルケア（現実肯定支援）

介護スタッフは、今その人がどういう「現実」に生きているのかをその場その場で察知し、その人の「現実」とチャンネルを合わせながら支援する。

インテグレイティブケア（総合的支援）

介護スタッフは、その時々における相手の反応を見ながら、ロジカルケア（事実受容支援）とラテラルケア（現実肯定支援）のよいところを使い分ける。

にチャンネルを合わせるように入り込むことで、その「現実」の中で本人が穏やかに生活できるよう支援していきます。

順番は原則として、まず「事実」の理解を促すロジカルケア（事実受容支援）を行いながら、その人の理解度や受容度を観察します。このときに大切なのは、その人がインプットされた客観的事実を完全に理解し、その後も忘れずに理解し続ける必要はないということです。あくまでもそのときに本人が納得できるかどうかが判断基準です。「事実」の受け入れができなかったり、混乱がみられたりするようであれば、さらにコミュニケーションの方法を変えてみて、それでも事実の受け入れに納得ができない場合はその人の「現実」を肯定するラテラルケア（現実肯定支援）に切り替えます。また、前述のように認知症を有する方の中には、その時々や場面によって有効なケアが変わる方もいるため、ロジカルケア（事実受容支援）かラテラルケア（現実肯定支援）かのどちらかを適用するのではなく、両者のよいところを融合するインテグレイティブケア（統合的支援）で多角的にケアを行うわけです。

このようにして本人にとって可能な限りストレスのかからない環境を実現し、その人の「生きるための本能」を最期まで支援する。これが、3つの新メソッドが叶える新しい認知症ケアのかたちです。

目的はいずれかのケアを当てはめることでなく、あくまでも認知症を有する方が心穏やかに過ごせることです。うまくいかない場合は、認知症の方を私たちのケアに合わせようとするのではなく、表情や言動といった相手の反応を見ながら介護者がケアの方法を変えていきます。人によって、場面によって、また瞬間瞬間で使い分けなければならないこともあるでしょう。臨機応変さ、柔軟さこそが、このメソッドの肝といえるかもしれません。

アセスメントから、その人に適したメソッドを見極める

その人や場面に適したメソッドを見極めるには、徹底的なアセスメントが必要です。すでに説明したように、認知症を有する方の周辺症状は複雑かつパーソナルなものです。そのため、3つのメソッドの適用を見極めるためには、丁寧なアセスメントが欠かせません。豊泉家ではオリジナルのアセスメントシートを1年がかりで開発し、それを使ってアセスメントを行っています。

アセスメントでは、これまでの病歴や認知症を発症した時期、身体および認知機能面での課題に加え、話を理解できているか、視覚で理解できているか、聴覚で理

解できているか、自分の姿が理解できているか（自己鏡像認知）など、その人の理解度について判断を行います。その上で「ロジカルケア（事実受容支援）」でいくか、「ラテラルケア（現実肯定支援）」でいくか、それとも「インテグレイティブケア（統合的支援）」でいくかを決めていきます。

この見極めは非常に難しく、例えば私たちは「豊泉家における認知症の進行段階（7段階）」を策定していますが、何段階目まではロジカルケア（事実受容支援）で、それよりも認知症が進行している場合はラテラルケア（現実肯定支援）などと単純に線引きできるものではありません。丹念なアセスメントと介護スタッフのこれまでの知見・経験に基づき、その人に適していると考えられる支援方法を決定し、さらに実践を重ねて「この場合はロジカルケア（事実受容支援）が有効だった」など認知症を有する方自身の反応を見ながら、調整していきます。

また、ラテラルケア（現実肯定支援）において認知症を有する方の「現実」にチャンネルを合わせるには、その人の生活歴をできるだけ詳しく知っておく必要があります。どこで生まれ育ったか、どんな仕事に携わってきたか、どんな趣味を持っていたか、好きなものは何かなどについてご本人やご家族に丁寧にヒアリングを行い、アセスメントシートに書き込んでいきます。

● 豊泉家における認知症の進行段階（7段階）

段階	状態	主な症状
段階1	認知機能の障害なし（通常の機能）	・脳内の変化は始まっているが、認知能力に変化はみられず、日常生活に支障はみられない
		・医療専門家との問診においても問題はみられず、本人や家族など周囲の人もまったく正常だと思っている段階
段階2	非常に軽度の認知機能の低下（加齢に関連した正常な変化、またはアルツハイマー病の最初期の兆候）	・度忘れしたように感じる
		・使い慣れていた言葉や家族、親戚の名前が思い出せなくなる
		・鍵や眼鏡など、日常的に使用するものの置き場所を忘れる
		・会話の中でも「あれ」「それ」といった代名詞を使うことが多くなる
		・電話を切った後、話した内容を部分的に忘れる
		・人と会う約束をした場合、約束したことそのものは覚えていても日時や場所などを思い出せなくなる
		・車の運転で、行き先忘れや、軽微な接触事故が増える
		・見ているドラマや映画のあらすじがわからなくなる
		・本人、または家族より物忘れの訴えがある
段階3	軽度の認知機能の低下（アルツハイマー病の初期段階）	・曜日や日時の感覚がわからなくなる
		・新しく知り合った人の名前を覚えられない
		・数分前に言ったことを繰り返したり、同じ内容を何度も尋ねる
		・文章を読んでもほとんど覚えていない
		・通帳や財布、印鑑などの大事なものを失くす、または置き忘れる
		・計画を立てたり整理する能力が低下する
		・感情表現が乏しくなったり意欲が減退する
		・趣味や習い事に興味を示さなくなる、一日中ぼーっとしていることが多くなる
		・職場でのミスが多くなり、今まで通りの職務遂行ができなくなる
		・車の運転で、迷子運転となったり、不注意による信号無視や追突事故が目立つようになる
		・テレビのリモコンの使い方がわからなくなる
		・友人、家族、同僚など周囲の人が明らかにおかしいと気づき始める
段階4	中度の認知機能の低下（軽度あるいは初期段階のアルツハイマー病と診断される段階）	・精算や支払いなど金銭管理ができなくなる
		・やや難しい暗算（例：100から7ずつ引いていく）ができない
		・自分の生い立ちについての記憶の減少
		・現在の月や季節が曖昧になったり忘れる
		・テレビのリモコンが何かわからなくなる（意味記憶障害）
		・料理の献立を考えたり、調理をしたり、メニューの選択が難しくなる
		・社交的な場や精神的に困難な状況が苦手になり、引っ込み思案になる
段階5	やや重度の認知機能の低下（中等度あるいは中期段階のアルツハイマー病と診断される段階）	・自宅の住所や電話番号、卒業した学校名といった大切な情報を思い出せない
		・場所、日付、曜日、季節などが混乱する
		・比較的簡単な暗算（例：40から2ずつ引く、20から2ずつ引く）ができない
		・季節や状況などに応じた（TPOに合った）服装を選べない
		・自分や配偶者、子どもなどの名前は覚えている
		・通常は食事およびトイレの使用に手助けを必要としない
		・入浴させるために説得する必要が出てくる
段階6	重度の認知機能の低下（やや重度あるいは中期段階のアルツハイマー病）	・最近の経験および出来事、周囲の環境についてほぼ認識しなくなる
		・自分の生い立ちについては完全に思い出せないが、通常は自分の名前は覚えている
		・1人で外に出て、徘徊し迷うことがある
		・配偶者や主要な名前を忘れることがあるが、知り合いと知らない人の顔を見分けることができる
		・適切な着衣に手助けが必要になり、靴を誤った側に履くことがある
		・トイレの水を流し忘れたり、お尻を拭き忘れるなど後始末ができない
		・トイレ以外の場所で排泄をしてしまったり、尿失禁や便失禁の頻度が増加し、手助けが必要になる
		・入浴を嫌がったり、入浴に介助が必要となる
		・性格が大きく変化し、疑心や妄想、幻覚、強迫的または反復的な行動などの行動的症状がみられる
段階7	非常に重度な認知機能の低下（重度あるいは後期段階のアルツハイマー病）	・配偶者や子どもの顔も認識できなくなる
		・話しかけても反応しなくなる、表情を動かさなくなる
		・目を閉じていることが多く、笑顔がなくなる
		・理解できる言葉や発する言葉が「はい」など数語のみとなる
		・身体が制御できず寝たきりとなり、嚥下障害や筋肉の硬直、異常な反射反応が出てくる

（ニューヨーク大学薬学部バリー・ライスバーグ博士による考案を参考に認知症ケアPJにて加筆。豊泉家クリニック　西山一英先生、福原学先生監修）

さらに、「よく見られる行動や発言、表情」「ホーム内でよくいる場所」「会話によく出てくる人物」「ホーム内で相性のよい人・悪い人」「反応のよい呼称」など、その人の世界観を知るための手がかりとなる詳細な情報も集めてアセスメントシートに記載していきます。

当然ながら、アセスメントは一度行って終わりではなく、症状の進行具合や施設内の人間関係の変化などによって継続的に繰り返す必要があります。「今までロジカルケア（事実受容支援）で話が通じていたけれども理解が難しくなったようだ」とか、「一方的な主張が増え、こちらの話や説明を聞こうとしなくなった」といった場合、そこで強引にロジカルケア（事実受容支援）を進めても適切なケアにはなりません。介護する側が常に本人の表情や言動、行動に注意を払い、今行っている支援が適切かどうかを見極める目を養うことも重要ということです。

大切なのは、認知症を有する方のストレスの除去

この3つのメソッドを用いる最大の目的であり、認知症パラダイスの創造を目指す私たちにとっての課題でもあるのが、認知症を有する方のストレスの除去です。

ストレスは私たちにとっても健康的な暮らしや意欲的な生活に支障をきたすものですが、私たちは自らそのストレスを発散したり、解消に努めたりすることができます。しかし、認知症の方は消えゆく記憶に対する不安や自らの意思や思いを上手に伝えられないことによる苛立ち、状況を適切に理解し処理することの困難さゆえ、そのこと自体もストレスになっているうえに、それ以外にも日々強いストレスを感じています。そして、残念ながら自らこのストレスを発散したり、解消したりすることが難しくなっています。そこでアセスメントシートに「ストレッサーの把握」という項目を設け、「自然環境的ストレス（天候・気候など）」「社会的ストレス（人間関係など）」「精神的ストレス（不安や怒りなど）」「身体的ストレス（病気や睡眠不足など）」「物理的・構造的ストレス（居室の造りや照明、騒音など）」「その他のストレス（食事や花粉など）」という6つのカテゴリーについて、入居者のストレス度合いをチェックし、数値化していきます。その上でストレスのレーダーチャートを作成し、どこにストレスがかかっているかを詳細に分析するのです。

これら全体の情報を踏まえ、その人の生活を阻害するものは何か、それはQOLを低下させるものかどうかを総合的に判断していきます。例えば、ある人に日中フロア内を徘徊するという行動があったとします。しかし、穏やかな顔で徘徊しているなら、徘徊そのものがQOLを低下させるわけではないので、それは肯定します。ただし、徘徊によって他の入居者とトラブルになるようであればQOLの低下につながるので、リスクを除去するための支援を行うということです。

こうして立案したプランを実際に行い、支援が有効だったかどうか評価をし、再アセスメントを行います。その際は自立度や認知機能面などの変化を確認し、入居者やご家族へのヒアリングに加えて、その人の「表情」もチェックします。この表情こそが、私たちがもっとも重視しているポイントです。入居当初と3ヵ月後では表情がどのように変わったか、さらにその後はどう変わったか、入居者の写真を比較しながら本当に入居者が望む支援を実現できているかを評価していきます。

このようにきめ細やかなアセスメントとともに3つのメソッドを導入することで、認知症を有する方の表情は、ある方は穏やかに、ある方はほがらかに、ある方は安らかにと確実に変化していくのです。

認知症ケアは知識と創造を合体させること

基本的な認知症の知識を身につけ、認知症を有する方の状況を理解した上で相手と向き合って、反応次第でまた対応を変えていく。そのやりとりを重ねた末に、認知症ケアの成果が表れるものと思います。だからこそ、介護する側がどのように支援するかがカギを握るわけで、その具体的なヒントとして次章から紹介するロジカルケア（事実受容支援）、ラテラルケア（現実肯定支援）、インテグレイティブケア（統合的支援）を役立ててほしいと思っています。

さらに、その大前提として、自分自身が実はメンタルモデルに縛られていることを理解して、そこから脱却する意識を持つことです。そうでなければ、本当の意味で相手と向き合うことはできません。

ご家族にせよ専門職の方にせよ、介護する方に気づいてほしいのは、認知症ケアは知識と創造を合体させることが大切だということです。知識のみのケアでは頭でっかちになりますし、創造のない知識は独りよがりになります。

ここでいう知識とはある意味「サイエンス」であり、創造はある種の「アート」といえるでしょう。サイエンスとアートの関係については第六章で詳しく説明したいと思いますが、認知症ケアの本質はその場その場で生み出されるクリエイティビティにあるということを、まずはしっかり確認しておきましょう。

Column 02

自閉スペクトラム症の方の支援と「構造化」の有効性

意外に思われるかもしれませんが、認知症と自閉スペクトラム症の支援には共通項があります。どちらも原因は異なり、またさまざまな症状を包含し、多様な状態を見せます。主たる症状も異なりますが、コミュニケーションの成立が難しいことにより引き起こされる混乱などが原因となって、日常生活や社会生活に支障をきたす点は似ています。

要は認知症でも自閉スペクトラム症でも、いかにその特性を理解し「コミュニケーションをどう成立させるか」と「生活環境の整備をどうするか」が生活の質を上げていくうえで必要不可欠となるわけです。

ですから、自閉スペクトラム症の方への支援方法が認知症ケアにも役立つことは、何ら不思議ではありません。両者ともに認知機能面に支障があるという共通事項から捉えると、必然的に支援の方法に共通点はたくさんあると考えられます。

特に、自閉スペクトラム症の方に対する教育手法として米国ノースカロライナ大学が開発したTEACCHプログラムの1つである「構造化」は、認知症を有する方への支援にも大変有効であると考えています。今の状況がうまく理解できない、先の見通しが利かない、自分のこだわりや見えている世界がある、一般的な常識や枠組みにとらわれない、という共通した認知機能面の支障に対して、構造化された視覚的アプローチは自閉スペクトラム症の方への支援のみならず認知症を有する方の生活支援にも役立つものであると評価できます。

具体的には、①場所を目的別に設定したり落ち着いた環境を整える「物理的構造化」、②視覚的にスケジュールを明確にして、どこで何をするのかを示す「時間的構造化」、③文字や図・イラストなどを使った「コミュニケーションの構造化」、④生活上の遂行力を助けるため、何をどのようなやり方で行い、どうなったらその行為は終了となるかなどの作業手順を可視化した「ワークシステムの構造化」があります。

これらは自閉スペクトラム症の方のみではなく、認知症を有する方のうちロジカルケア（事実受容支援）対象の方はもとより、ラテラルケア（現実肯定支援）対象の方にも効果が期待できます。

構造化とは、情報を簡潔に整理し、伝え方の工夫をすることで、これまでうまくコミュニケーションが図れなかったものを相手に伝わるようにしたり、生活環境を整えたりすることで、生活しやすくする方法です。

例えば、海外旅行でレストランに入ったとき、文化や言語が異なる中で外国語の文字だけでメニューが書かれているとなんの料理かわかりませんが、そこに料理の写真が加わるだけで一気に理解度が上がり、どんな料理かをイメージできるのも1つの構造化といえます。

また、日常生活でも地下鉄の路線ごとの色分けや銀行のATMの並び方など、言語を介さなくともお互いが理解し合える手法としてさまざまな場所で活用されているのです。

第三章

「ロジカルケア」実践の心得

大切なのは、〝理解〟をサポートすること

本人が「事実」を受け入れられるよう支援する

この章では、メソッドの1つである「ロジカルケア（事実受容支援）」について詳しく説明し、活用事例についても紹介していきます。

ロジカルケア（事実受容支援）とは、認知症により今現在の状況がわからなくなって混乱している人に対して、介護者が客観的事実を伝え、本人が「事実」を受け入れられるよう支援するというものです。

一般的に「事実」とは、実際に起きた客観的な事柄を指し、誰が見ても変わることはありません。しかし、認知症によって理解力や記憶力、判断力、抽象的思考力などが低下すると、「事実」を正確に受け止めることができなくなり、日常生活で混乱がみられるようになります。そうした人に対して介護者が「事実」を伝えることで、本人が「事実」を受け入れて納得した日常生活を取り戻していけるようサポー

トするわけです。
ロジカル（Logical）とは「論理的、道理にかなっているさま」などの意味を持ち、ロジカルシンキングといえば「垂直思考」、すなわち論理を積み重ねて考えを深めていく手法を指します。つまり、ロジカルケア（事実受容支援）とは、「時系列」だったり「垂直的」だったりと、1本の線（文脈）でつながっていくような支援といえるでしょう。

実際、私たち人間には過去・現在・未来という時間の流れの中で今の状況を理解する能力があります。すなわち、今現在の状況は、過去の何からつながっていて、未来はどうなるのかという一連の流れを「時系列」に「垂直的」に予測することができるため、今起こっていることや状況、つまり「事実」を混乱なく受け入れることができるわけです。

しかし、認知症の方は、時にこの時間の流れがわからなくなり、今現在の「事実」が理解できなくなることがあります。そうした方の垂直思考を支援し、本人が今現在の「事実」を受け入れることができるようサポートするのがロジカルケア（事実受容支援）です。本人が「事実」を理解できず混乱していたら、介護者はその都度さまざまな方法で事実を伝えて、理解度や納得度を高めるようにします。

一度理解や納得に至るとそれが長く続く方もいれば、一瞬一瞬しか理解や納得をしない方もいますが、それで構いません。ロジカルケア（事実受容支援）は教えて覚えさせることが目的ではなく、あくまでもそのとき・その場面での理解や納得を促すことなので、誤った過度な成果を求めないようにしてください。一瞬でも理解・納得できれば、そのときはスムーズに次の行動に移ることができます。私たちも理解・納得のできないままでは次の行動に移れないのと同じことです。

原則的には、まずロジカルケアから

例えば、「私はご飯を食べたかな？」と食事を食べたかどうかわからず不安になっている人に、「先ほど食べましたよ」と事実を伝えることで、その人が食事を済ませたという事実を受け入れられるよう促します。本人が「そうか」と納得したり、「そうだったかな」とやや納得したりしたら、支援は有効だったということになります。

施設に入居していてもその事実を理解できず、「家に帰りたい」と帰宅願望を訴える入居者に対して、「ここが今の住まいですよ」「今、老人ホームに入居していますよ」と事実を伝えることで、その人に納得してもらうようにするのもロジカルケア（事実受容支援）です。

また、日中は「事実」を受け入れられるけれども、夜になると「事実」を受け入れられなくなるなど、一日の中で波がある人もいます。

「事実」を受け入れられるときは、「今日は2023年3月30日ですよ」といった介護者の声かけに「そうだね」と返し、「令和5年ですね」「令和になってもう5年か、早いな」といった具合に会話がつながります。

しかし、「事実」を受け入れられないときは、「令和5年ですね」と声をかけても「令和ってなんだ！」となります。「平成はご存じですか？」「平成なんか知らないよ。今は昭和じゃないか」といった会話になるかもしれません。そのとき、その人は違う時代の「現実」の中で生きているということです。そうした場合は、その人の「現実」を肯定し、介護スタッフがその人の「現実」に入り込むラテラルケア（現実肯定支援）に切り替えることになります。

認知症ケアの原則としては、まずロジカルケア（事実受容支援）を行い、コミュニケーションの確認をします。これがうまくいかない場合や、ロジカルケア（事実受容支援）がどうしても成立せず本人に混乱がみられる場合は、ラテラルケア（現実肯定支援）、もしくは両者を併用するインテグレイティブケア（統合的支援）へ移行します。

相手や場面によって適したメソッドは変わりますが、いずれにおいても目指すのは認知症を有する方が肯定され、安心して穏やかに暮らせることです。

難聴は大敵、視覚からの情報伝達を意識する

ロジカルケア（事実受容支援）は、コミュニケーションを通じて「事実」を理解してもらうわけですが、実施にあたって留意しておきたいポイントがあります。

1つは、聴覚ではなく視覚からのコミュニケーションに力点を置くことです。

高齢者には耳の遠い方、いわゆる難聴の方が多くおられます。そのため、介護者から言われている内容が聞き取れない、もしくは聞き間違いや理解不足から会話がちぐはぐになり、理解力や判断力がないとみなされてしまうケースが少なからずあるのです。聞こえていないことと理解できないことはまったく意味が異なります。

難聴を放置されることで、結果として本当の認知症になってしまうこともあるので

はないかと感じるほどです。

豊泉家で実際にあった話ですが、入居して間もない方を耳鼻科にお連れしたところ、耳の穴をふさぐほど大きな耳垢が見つかり、それを除去したら途端にしっかりした受け答えができるようになったケースがあります。耳垢が原因で聞こえが悪かっただけで、認知症はそれほど進んでいないことがわかったのです。このような場合もあるので、認知症が疑われる高齢者、特にロジカルケア（事実受容支援）を行おうとする方に対しては、まず耳のケアをしてみることをお勧めします。

ただ、耳をきれいにしてもやはり聞こえの悪い方は一定数います。補聴器がうまく合わない方もいるでしょう。聞こえているけれど、聞き間違うことも多くあります。ですので、よほどクリアに聞こえる方でない限りは、聴覚だけではなく視覚から情報を提供することも望ましいと思います。

例えば、伝えたいことを紙に書いて渡す、貼り紙をする、生活の動線の要所（トイレや衣類の置き場所など）にマークを付けるといったことが考えられます。

もう1つ、ロジカルケア（事実受容支援）のポイントとして、言葉をシンプルにすることも欠かせません。

「まずこれをして、次にあれをして、最後にこれをしましょう」というような複雑な内容は混乱のもとです。本人にしてほしいこと、わかってほしい事実を端的に、フォーカスを絞って伝えます。それも、できれば言葉の羅列ではなく、注意を促す一言やピクトグラム（情報を単純化した絵や記号で示したもの）をうまく使うと理解や納得度が上がりやすくなります。

生活環境を整える「構造化」で主体性を引き出す

第二章で、認知症を有する方のご家族が部屋いっぱいにメモを貼り付けた結果、本人の混乱を招いていたケースを紹介しました。視覚に訴えるという意味ではよいのですが、情報を極力シンプルにするという基本に照らすと、このケースはやはり改善の余地があったと思います。生活パターンの中で何がポイントになるかを見極めると同時に、余計なものは処分したり片づけたりする生活環境の整備も必要になります。

この対極のケアとして、本人の荷物を取り上げるとか、日中の活動時間は何もないスペースにいてもらう（閉じ込める）といったことも考えられます。実際、一部の医療施設や高齢者施設には、そうした殺風景な環境でケアをしているところもあるようです。介護する側は「何もなければ、入居者に危険はなく混乱もしないだろう」と考えるのかもしれませんが、それもまた違和感があって入居者の混乱を招きますし、そもそも人間がくつろげる環境とはいえないように思います。

豊泉家では、居室に入居者ご自身の荷物や使い慣れた家具を持ち込むことができます。それらを自分で整理整頓できない方に関しては、介護スタッフが代わって整理します。いらないものは処分する、興味があるけれども今必要のないものは目に入らないようにする、マグネットや画びょうといった危険なものや洗剤・石けんなど口に含んではいけないものはしまっておく——。そうやって不要なものや危険なものをなくしつつ、いかに快適な生活空間を整備するかが重要です。

ご自身で整理整頓ができない方でも、貼り紙をうまく使うことで、例えば汚れた衣類を洗濯かごに入れておくといった分別ができるようになったケースもあります。

これは、コラム「自閉スペクトラム症の方の支援と『構造化』の有効性」でも紹介した「構造化」と呼ばれる手法です。前述のように、自閉スペクトラム症の方が生活しやすくするための支援としてよく使われますが、私たちはこれを認知症ケアにも有効と考え現場に取り入れています。

人間は常に周囲の情報を受け、それを整理し、今の状況を理解しながら多岐にわたる判断をしています。しかし、認知症や自閉スペクトラム症の方は周囲の情報を整理して取り入れることが難しいため、今自分がなぜこのような状況にあるのか、また今後どうなっていくのかという予測ができないことで、不安や混乱に陥りやすい傾向にあります。そこで、物理的、視覚的、時間的に情報提示の仕方を工夫することで、認知症や自閉スペクトラム症の方の理解を促し、主体的な生活を送れるよう支援するわけです。

例えば、パーティションなどで空間を区切ることで余分な情報や刺激を減らし、各空間で何をすればよいかをわかりやすくする、聴覚に訴える口頭の説明ではなくイラスト等を使うことで視覚に訴え、今何をすればよいかをわかりやすくするなどがその一例です。

ロジカルケアのケーススタディ

ここからはロジカルケア（事実受容支援）の実践例を見ていきましょう。

実践例❶ 初期支援のミスマッチを解消 〜丁寧な説明で事実を受容

アルツハイマー型認知症の上山瑛子（仮名）さん（82歳・女性）は一人暮らしをされていましたが、同じ商品をいくつも購入する、洗剤の使い方がわからない、内服薬の管理ができなくなった、仕事中の息子さんや別の場所で暮らす娘さんに一日に何度も連絡するといった短期記憶や判断力の低下がみられたことから、娘さんが豊泉家への入居を決断されました。豊泉家における認知症の進行段階は4です。

ただ、上山さんご自身は入居前の面談の際に「身の回りのことは自分でなんでもできます」とおっしゃっており、自分は認知症であるという自覚はなく、一人暮らしができる力は十分あると自信をお持ちです。こうしたことから、施設入居を勧めても強硬に拒絶されてもめごとになり、家族関係が崩れてしまうことを心配した娘さんは、一芝居打つことにしました。入居を予定している豊泉家のホームにレストランがあったことから、「ホテルに食事に行こう」と上山さんを誘い、食事をして自宅に帰るということを何度か繰り返します。そして、入居当日は食事の後に「ここ(ケアハウス)に1泊する」と伝え、介護スタッフが上山さんを居室へ誘導している間に娘さんはこっそり帰宅し、上山さんはそのまま入居する――そんな段取りです。

娘さんからこのシナリオを聞いたとき、私たちは直感的に嫌な予感がしました。そのため、娘さんに「しっかりと伝えれば、お母さんはホームへの入居を受け入れることができると思います」と伝えました。しかし、娘さんはお母さんが嫌がって入居できなかった場合、一人暮らしを続けるのは限界のため自分たちの生活にも支障が出るという不安からこの提案を受け入れず、自身のシナリオを決行することにしたのです。

娘さんの目論見通り、上山さんは食事を終えた後、娘さんと居室フロアへスムーズに来られました。そして、娘さんは上山さんに今日はここに宿泊すると伝え、そっと姿を隠したのです。上山さんは介護スタッフに案内されて居室に入りましたが、そこに自宅の荷物が運ばれていたのを見て不審に思ったのでしょう。介護スタッフが「今日一日、ここに泊まるだけですよ」などと取り繕っても、「なんで私はここに泊まるの？」「娘はどこに行ったの？」「なんで私の家具がここにあるの？」と不穏になられ大混乱してしまいました。

このままでは上山さんにかかるストレスが増すばかりと考えられたため、私たちは入居の事実を伝えるロジカルケア（事実受容支援）へ切り替えてはどうかと娘さんに提案しました。娘さんは上山さんが余計に取り乱すのではと躊躇されましたが、最終的に合意していただいたことから、介護スタッフが「実は自宅での生活に支障が出ていて、ご家族皆さんが上山さんのことを心配しているんです。そこで、高齢者の方が安心して暮らせるこの豊泉家へ引っ越す準備を整えたんです」と、丁寧に説明しました。すると、上山さんは違和感や不安はありそうでしたが、「わかった、そういうことなのね」と納得されて落ち着かれたのです。

最初のうちは数十分おきに、そのうち数時間おきに、そして今でも時々、「なぜ私はここにいるの？」と聞いてくることもありますが、その都度しっかり説明すると「そうだったわね」と納得されます。こうして上山さんはホームでの生活に馴染まれ、現在は他の入居者の方との交流も楽しまれています。

ご本人の理解力を把握せず、ご家族や私たち介護する側が「事実を理解できないだろう。受け止められないだろう」と決めつけてしまったことが、初めのミスマッチを生んだわけです。こうした事例からも、やはりまずはロジカルケア（事実受容支援）で事実を伝えた上で、その事実を理解することが難しい方に対してラテラルケア（現実肯定支援）へ変更していくことが重要だと、改めて気づかされました。

ご家族からは、「自宅を離れて、ホームで生活することは難しいと思っていたけれど、事実を伝えたら本人があんなにもあっさりと受け入れたことに驚きました。ホームで他の入居者の方と仲良くしている姿を見て、認知症状は進行しても以前の社交的な母がまた戻ったような感じがします」という声をいただいています。

ご家族の強い希望から、当初はだまし討ちのような作戦をとらせてもらったわけですが、ある程度状況を認識されている方の場合、下手にごまかすとご本人の不穏が増すだけなので、きちんと説明するのも一案ということです。ただ、その際の説明はわかりやすくすることが重要です。

ご本人を混乱させたくないというご家族の気持ちも痛いほどわかります。実際、「ホームへ入居しよう」とご家族がストレートに伝えた結果、本人に固く拒まれて入居を断念されたケースもあります。一概にこれが正しいというやり方はありません。大切なのは、どういう形なら本人の納得が得られるか、そして入居後は早めに馴染んでいただくためにどういうケアが望ましいか、そこを基軸に考えることです。

落としどころを慎重に見極めるためにも、入居に向けた段取りの検討は家族だけで行うのではなく、施設の関係者など介護の専門家を交えるのもよいと思います。

実践例❷ 事実を根気よく伝える ～「物盗られ妄想」改善に向けて

島田真砂子（仮名）さん（89歳・女性）には、豊泉家に入居する前から物盗られ妄想がありました。通帳などの貴重品は島田さんの姪御さんが預かっていたのですが、入居後も「通帳を盗られた！」「警察に行く！」と興奮する姿が頻繁にみられました。

物忘れが激しく理解力も低下している島田さんに事実を伝えてもかえって混乱してしまうだろうと判断し、私たちはラテラルケア（現実肯定支援）を試みました。すなわち、物盗られ妄想に島田さんが陥ったときは、介護スタッフが「私たちが預かっていますよ」「お部屋にしまっていますよ」「警察に連絡しますね」など、その時々の島田さんの言動に合わせて声かけ・対応を変えたのです。しかし、場合によっては島田さんをさらに興奮させてしまうこともありました。

島田さんは物盗られ妄想からストレスを抱えた状態で生活しており、このままでは意欲の低下や認知症の進行が早まる可能性もあります。また、精神的に不安定なため、スタッフや他の入居者と良好な関係が保てなくなる恐れもありました。

そこで、私たちは島田さんに対する支援方法を見直し、「貴重品は姪御さんが預かっています」という事実をしっかりと伝え、島田さんが事実を受け入れられるように促すロジカルケア（事実受容支援）へと切り替えたのです。

島田さんが「通帳を盗られた！」と訴えるたびに、すべてのスタッフが「貴重品は姪御さんが預かっていますよ」と一貫して事実を伝えるようにしました。同時に、島田さんの親族にも協力をお願いし、姪御さんには面会に来るたびに「貴重品は私が預かっているよ」と声をかけてもらうようにしました。

こうした支援の結果、島田さんは次第に事実を受け入れてくれるようになり、落ち着きを取り戻しました。現在では、物盗られ妄想はほとんどなくなり、穏やかな表情で日々の生活を送っています。

この事例は、認知症を有しているから事実を伝えても忘れてしまうだろうと介護者が思い込むことの危険性を示唆しています。同時に、ロジカルケア（事実受容支援）によって、認知症を有する方は事実を思い出すだけでなく、新しく事実を認識し納得されることもあるということを私たちに教えてくれています。

実践例3 カードで事実の理解を促す ～身体拘束の回避を目指して

佐藤重幸（仮名）さん（80歳・男性）は、物忘れがひどくなったことから、ある高齢者施設にご夫妻で入居していました。佐藤さんほどではありませんが、奥さんも認知症があります。入居後、佐藤さんは症状が悪化し、離設やスタッフへの暴言・暴力がみられるようになったため、精神科への医療保護入院となり、その施設を退居しなくてはならなくなりました。佐藤さんは退院後の行き場がなくなってしまい、困ったご家族が豊泉家に相談されたことから、ご夫妻で豊泉家に移ってこられました。豊泉家における認知症の進行段階は4です。

豊泉家への入居後も確かに徘徊をしたり、つじつまの合わないことを言ったり、時に興奮したりすることもありました。しかし、本人の行動を受容し、話に耳を傾けることで暴言や暴力はみられず、日々不安は抱えながらも穏やかに暮らしていました。そんな状況が3年半続いた頃、佐藤さんに食事がうまく飲み込めなくなる症状がみられるようになり検査をしたところ、かなり進行した食道がんが見つかったのです。

今後飲食ができなくなる可能性があったことから、病院で入院治療を受けることになったのですが、佐藤さんは自身の状況を把握することができませんでした。「なんで俺はここにいるの?」「とにかく帰る」の一点張りで、点滴の針を抜いてしまったり、ベッドから起き上がって病室から出ていこうとしたりすることが続きました。病院の看護師や豊泉家の介護スタッフが「病気が見つかったので治療をしましょう」と説明しても理解できず、このままでは状態が悪化するばかりか、転倒、転落、離設などのリスクもあるとして、とうとう病院から身体拘束が必要と判断されてしまいました。

しかし、手術後などの一過性の拘束と違って、ベッドに寝たまま手足を縛られる拘束は想像を絶するストレスを患者に与えます。それによって認知症状がさらに悪化することもあり得ます。できる限り拘束はすべきでないと私たちは考え、とにかく考えられる方法を試してみようということで、視覚に訴えることにしたのです。

介護スタッフがその場で紙に手書きで「ここは〇〇病院です。佐藤さんの病気を治しています」「（点滴の絵とともに）病気が治るように点滴をしています」「早く病気を治して帰りましょう」といったメッセージをしたため、佐藤さんに読んでもらい、見える場所に掲げました。これが本人にとって理解しやすかったようで、佐藤さんはそれを見て、「そうか、俺は病気なのか」「治してもらっているのか」と状況を理解してくれたのです。その間、わずか1～2時間。たったそれだけの時間で佐藤さんは事実を受容して我に返り、点滴を抜くこともなくなり、落ち着いて治療に臨むことができるようになったのです。もちろん、そのときは理解しても

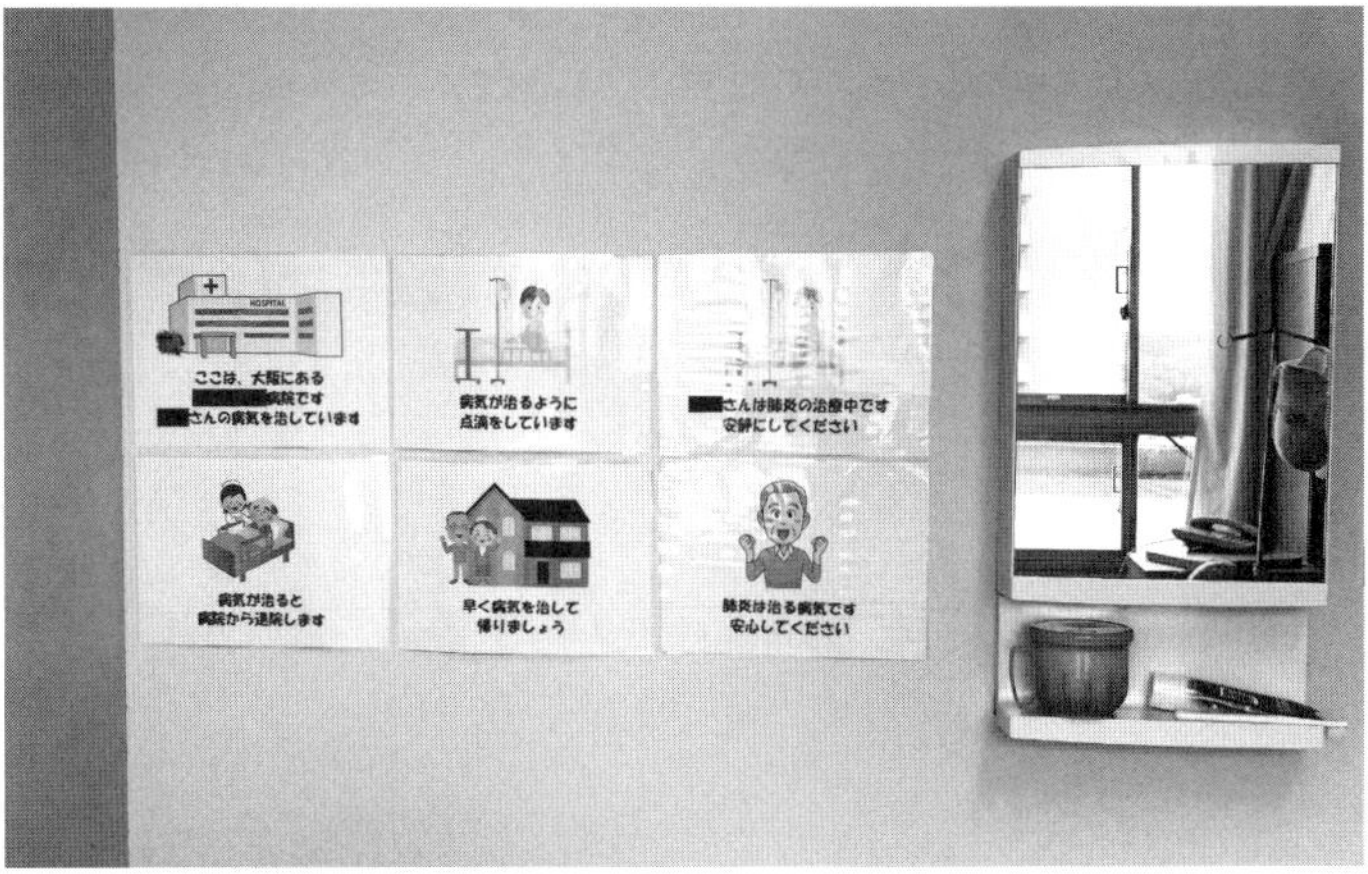

メッセージカードを見える場所に掲示

また忘れてしまいます。しかし、その都度カードを見せて読んでもらうということを繰り返すことで納得度が増し、穏やかで落ち着いた状態になられたのです。

後日、状態が少し落ち着いた頃を見計らってメッセージカードをきれいにつくり直しましたが、ともあれ視覚的な方法を使うことでロジカルケア（事実受容支援）が成立しやすくなることを如実に示す事例といえるでしょう。

記憶力が低下しているので、佐藤さんはその後も何度か「ここはどこ？」とか、点滴を指して「これは何？」と聞いたり、病室のドアまで歩いていったりすることもありましたが、病院の看護師さんの協力も仰ぎつつ、その都度、壁に貼ったメッセージカードを見せてご本人の理解を促す支援を継続して行いました。その結果、身体拘束をすることなく治療をしていただくことができたのです。がんが末期だったため、入院して2ヵ月ほどで亡くなられましたが、最期を穏やかに迎えられたことで佐藤さんの人生の幸福度を底上げすることにつながったのではないかと思っています。

病院は治療が最優先ですから、身体拘束もやむなしと考えるところが少なくありません。しかし前述した通り、それによる不穏や暴力、認知症の悪化、身体拘束の長期化、薬剤の大量処方といった悪循環に陥ることもあり得ます。負のスパイラルに陥らず、いかに本人の尊厳を守っていくかという点でも、私たちプロの介護者が貢献できることがあります。このケースでは、こちらの提案を病院側にも理解していただき、協力をいただくことができました。医療機関と一体的に対応したことで成果が得られたわけです。

実践例4 予定を視覚化する ～安心して過ごしてもらう工夫

豊泉家における認知症の進行段階が4である佐伯絹子(仮名)さん(92歳・女性)。娘さんと自宅で過ごすために毎月1週間ほど外泊することもあり、豊泉家に住んでいるという認識がないのでしょう。毎日夜になると、「ここは私の家じゃないから、家に帰らないといけない」「いつ自分の家に帰れるの?」などと言いながら、クローゼットの中の衣類を全部鞄に詰め込んでしまいます。また、清潔な衣類と洗濯が必要な衣類の区別ができずに荷物をまとめるため、娘さんから衛生的でないと指摘を受けることもありました。

「外泊は3日後ですよ」「洗濯が必要な衣類は分けてくださいね」といった口頭での説明を理解するのは困難です。しかし、佐伯さんは本を読んでいる姿がよくみられることから、文字の理解度は高いと考えられました。そこで私たちはロジカルケア（事実受容支援）の実践として生活環境を構造化することで佐伯さんの理解を支援することにしたのです。

　具体的には、佐伯さんの居室の机に卓上カレンダーを置き、外泊などの予定を書き込んで佐伯さんに見てもらうようにしました。いつ家に帰れるのかわからないことが佐伯さんの不安の要因と捉え、予定を視覚化して理解を促すことで不安を取り除き、落ち着いて過ごしてもらえるようにしたいと考えたのです。

居室の机の上に予定を書き込んだ卓上カレンダーを設置

洗濯物を入れるカゴを設置し、メッセージカードを掲示

　この支援の結果、佐伯さんは「この日は家に帰る。それ以外はここにいるんだ」ということを理解するようになり、帰宅願望の訴えはなくなりました。また、こうした支援を行っていることを娘さんに説明したところ非常に喜ばれ、外泊や入浴日

などの予定を娘さん自ら記入してくれるようになりました。

さらに、居室にカゴを設置して「洗濯する下着やパジャマはこのカゴの中に入れてください」とメッセージカードを貼ることで、佐伯さん自ら洗濯物をカゴに入れるようになり、清潔な衣類と洗濯が必要な衣類が混在することもなくなったのです。

ロジカルケア（事実受容支援）の実践として情報をわかりやすく提示し構造化することで、佐伯さんが持つ力を最大限に引き出しながら、安心して過ごせる環境をつくることができた事例といえます。

実践例5 性的逸脱行為を抑制 ～趣味を楽しむ生活を取り戻す

渡辺英介（仮名）さん（70歳・男性）は前頭側頭葉変性症からくる認知症を発症し、豊泉家における認知症の進行段階は3と判定されました。

会社員時代にうつ病と診断され仕事を早期退職した後、趣味などを楽しんでいましたが、60代後半頃から性的逸脱行為がみられるようになりました。散歩の途中に女の人に性的な声かけをして警察に注意される、デイサービスで女性スタッフや利用者に過度に声をかけて問題視され利用を断られてしまうなどがあったといいます。

先に説明した通り、前頭側頭型認知症の特徴の1つに性的逸脱行為があり、渡辺さんの症状はそれに当てはまっているわけですが、残念なことに当時は認知症と診断されませんでした。

奥さんは自宅で渡辺さんを見守りながら、新たなデイサービスを探すため、数十ヵ所に申し込みをしましたがすべて断られてしまいました。そして、奥さんがちょっと目を離したすきに渡辺さんは外に出て通りがかりの女性に声をかけ、警察沙汰になってしまったのです。奥さんが渡辺さんは病気であることを説明し、相手が納得してくれたことからすぐに釈放されましたが、治療が必要ということで渡辺さんは精神科に入院となりました。

自宅での介護に限界を感じた奥さんは渡辺さんが入居できる施設を必死で探しましたが、性的逸脱行為があることから実に45ヵ所に断られ、ケアマネジャーからも「ご主人が入れる施設はありませんよ」と言われたといいます。

病院にはもうしばらく入院できましたが、ご家族は一日も早く通常の環境に近いところで生活させてあげたい、もう少し張りのある意欲的な日常を過ごさせてあげたいという思いから、さまざまな情報を収集しました。そんな中で豊泉家と出会い、拙著『認知症イノベーション』を読まれ、「もうここが最後のとりで」とお手紙をくださったのです。

そのお手紙には、いかがわしい映像を大量に鑑賞したり、自宅に風俗嬢を呼ぼうとしたりするなど、渡辺さんの乱倫ぶりが克明に記され、ご家族が疲弊の極みにあり、精神的にもかなり参っておられることが察せられました。

私たち豊泉家では、施設長や医師、看護師、介護スタッフ、生活相談員、介護支援専門員など、多岐にわたる専門職が集まり検討を重ねました。そして、渡辺さんを豊泉家にお迎えすることに決めたのです。

課題はやはり性的逸脱行為をどう抑制するかで、女性の入居者や介護スタッフに性的な声かけ、行動が起きる可能性を予測し、対応方法を検討する必要がありました。前頭側頭葉変性症という病気を理解し、適切な対応ができるよう協力医との連携も必要でした。

具体的な取り組みとして、まずは前頭側頭葉変性症を診断した医師にケアの注意ポイントとして、女性スタッフをなるべく近づけないこと、性ではなく他に興味のあるものを見つけることなどの助言をいただきました。そこで基本的に男性を担当者にして、「性的な発言はダメです」ときっぱり伝え、奥さんにも協力していただいて、ご本人への説明に奥さんと介護スタッフで齟齬がないようにしました。

そうした体制を築いたうえで、基本的にはロジカルケア(事実受容支援)を実施する方向で具体的な支援を進めたのです。

まず、興味の対象を性的なものから他へ移すという課題については、ご本人が身体を動かすことが好きで若い頃にゴルフをよくされていたことから、棒サッカーというスポーツを体験していただきました。11名のチームメンバーが相手チームと向かい合って1列に並んで座り、自分のチームのゴールを目指してボールを棒で打ち合い、得点を競うというものです。ちょうど入居して少しした頃に棒サッカー大会があり、渡辺さんは見事ゴールを決めるなど活躍され、すっかり棒サッカーに夢中になられました。結果として、興味が違うところに向いたことで、入居後は性的な言動はみられなくなりました。

棒サッカーに加えて、ご本人の理解のもと、スケジュールをしっかり組み立てて生活を構造化したことも奏功したと考えられます。自由時間が多すぎると、時間の使い方がうまくいかず、興味や関心のあることを考えてしまいます。渡辺さんの場合は性的なことに関心が向かってしまう懸念がありました。そこで生活スケジュールを明確にして、何時から何時まではこれをするといった具合にルーティンをつくったわけです。これも性的な面に目を向けさせない1つの方策でした。

もう1つのケアとしては、ご本人にこだわりの強いところがあったため、時計・眼鏡・携帯電話の置き場所などを明確に定めて介護スタッフと共有しました。できるだけご本人のこだわりに合った空間をつくり、ストレスがない状態で過ごしていただくための工夫ということです。

こうしたロジカルケア（事実受容支援）によって、入居後は長年の懸案であった性的逸脱行為がみられなくなり、穏やかに過ごされるようになったのです。奥さんと電話で話す際も、それまでは奥さんが一方的に話しかけていたのが、棒サッカーやおやつのことなどを自発的に話すようになったそうで、奥さんは大変喜ばれていました。渡辺さんが豊泉家に入居されてから、奥さん自身もよく眠れるようになったとおっしゃっていました。

奥さんからすれば今まで長く続いた性的な言動が劇的に改善したことで、マジックを見ているような印象を受けられたようです。認知症を有する方でも種別や状態によっては「よいことはよい、悪いことは悪い」と伝え、理解していただくよう働きかけることで、状況が大きく変わることもあるということです。

認知症ケアにおいては、基本的には本人が起こす行動を肯定することが重要ですが、他者に迷惑がかかることや本人の生命に支障をきたすこと、放尿・放便など衛生的に看過できないことなどは、最終的にご本人の生活に悪影響を及ぼします。したがって、このケースのような場合は異なる方向へ関心を持っていけるような取り組みが大切なのです。

最後に、渡辺さんを豊泉家にお迎えしてしばらく経った頃に奥さんからいただいた手紙を紹介したいと思います（抜粋して一部改変させていただきました）。

（前略）電話したときは「溺れる者は藁をもつかむ」という心境でした。それまでの経験から「話を聞いてくれても、うちでは無理ですねとどうせ断られるのだろうけど」と完全にあきらめていました。あきらめてはいましたが、お話しするからには正直に本当のことを知っていただかなくてはといつも通りの準備をしていました。

小倉さんが、私の長い話を最後まで聞いてくださったことに、まずは感謝の気持ちでいっぱいでした。最後まで聞いてもらったことで「これで断られても仕方がない」と思えました（中略）。

義母の介護もあり、精神的にも疲れ切っていました。認知症家族会に出席するのさえ、「性的逸脱行為」という同じ悩みを抱えている人がいなくて孤独を感じていました。心の中で「警察沙汰にならないだけ、うちよりまし」とひねくれたりもしていました（中略）。

本で勉強しても、ネットで検索しても、探しても探しても見つけられなかった夫との向き合い方のヒント、そんなものを『認知症イノベーション』の中にも、小倉さんや西脇さんの言葉の中にも私は感じました（中略）。

疲れて自分からは踏み出せない家族もたくさんいると思います。慎み深い、日本人の傾向かもしれません。私にはまだまだ一歩一歩と踏み出す気力も思いも残っています。それで家族会の冊子にも、私の経験を何らかの形で載せてもらうことになりました。

前頭側頭葉変性症の「行動障害の性的逸脱行為」との家族の向き合い方、どの教科書にもテキストにも載っていない。ならば、私と夫がその一例になってみようと思っています。

絶望の淵にいるときに手を差し伸べてくださった小倉さん、西脇さん、その他の職員の方々に深く感謝申し上げます。

さまざまな事例をあげながら、ロジカルケア（事実受容支援）について詳しくお話ししてきました。ロジカルケア（事実受容支援）とは何か、また現場ではどのように実践しているのかなどがおわかりいただけたと思います。

次章では、もう1つのメソッドであるラテラルケア（現実肯定支援）について、事例も交えながら詳しく紹介していきます。

第四章

「ラテラルケア」実践の心得

相手の〝世界観〟を共有し支援する

場面ごと・瞬間ごとに応じた支援

この章では「ラテラルケア（現実肯定支援）」について見ていくことにしましょう。

ラテラル（Lateral）とは「横からの、側方の、水平の」などと訳され、ラテラルシンキングは常識や固定観念にとらわれず、さまざまな角度から物事を考えていく「水平思考」とも呼ばれます。この考え方を認知症ケアに応用したのがラテラルケア（現実肯定支援）です。

1本の線で思考や場面をつなぐロジカルケア（事実受容支援）と対照的に、ラテラルケア（現実肯定支援）では思考や場面、時間軸などがあちらこちらに飛んでも構いません。場面ごと（あるいは瞬間ごと）に応じた支援を行う、言い換えれば、その方が見ている世界に入り込んで支援を行うことを意味します。

一般的に「現実」（リアリティ）とは、今目の前に「事実」（ファクト）として現れているもの、あるいは私たち人間が「事実」を観測し、それを頭の中で再構成したものという意味で使われます。ラテラルケア（現実肯定支援）でいう「現実」は「その人が頭の中で実在するものとして捉えていること」を指します。

認知症によって記憶力や理解力などが低下すると、見当識障害が顕著に表れることも多く、「今がいつか」「ここがどこか」がわからなくなることがあります。その結果、自分の過去の出来事や時代を今現在と思い込んだり混同してしまい、周囲の人や状況をその頃に合わせて解釈しようとすることが少なくありません。「自分が若かった頃のある出来事や時代」が、その人にとっての今現在の「現実」となるわけです。例えば社長として事業を発展させていた頃や、仕事で優秀な成績を上げていた頃、あるいは子育てに一生懸命だった頃に戻ることが多いようです。

本人の「現実の世界」とチャンネルを合わせる

ラテラルケア（現実肯定支援）とは、認知症を有する方本人が理解している世界を「現実」として捉え、事前のアセスメントも踏まえて、今本人がどういう「現実」に生きているのかをその場その場で察知し、本人の「現実の世界」にチャンネルを合わせながら支援していきます。介護者が認知症を有する方本人の「現実」を否定するのではなく、あくまで肯定的に受け止め、本人の「現実」に入り込みながら状況に応じた支援を行うのです。

一例を挙げると、ある女性の入居者にラテラルケア（現実肯定支援）を実践したことで、拒否なく入浴されるようになったことがありました。

この方は入浴、特に洗髪が嫌いで、「気持ちいいから入りましょう」と声かけしても「気持ちよくない！」と断固として拒否します。そこで支援方法を改めて検討したところ、この方は日常的に働いているような言動が多くみられることがわかりました。さっそくこのことをご家族に確認すると、この方は過去にブティックを経営しており、外出時や人前に出るときはシャワーを浴び、入念にメイクやおしゃれをしていたことが明らかになりました。そこで、入浴時に「今から出かけますので、お風呂に入って髪を洗いましょう」と統一した声かけを行ってみると、スムーズに入浴されるようになったのです。

このように、本人の世界観に介護者がチャンネルを合わせ入り込むことによって生活を成立させる手法がラテラルケア（現実肯定支援）ということです。

ラテラルケアで明るさや快活さを取り戻す

たびたび言及している山本珠江（仮名）さんへの支援が、まさにラテラルケア（現実肯定支援）でした。

簡単におさらいすると、山本さんは夜になると居室から出てきてソファで眠り始めるため、当初は「ソファで眠ると風邪を引きますよ」などと声をかけて居室へ誘導していました。しかし、行動を否定され続けたことで、山本さんは元気をなくし、認知症も悪化する傾向がみられるまでになってしまいました。

そこで、私たちはこれまで聞き取った生活歴などの情報を見直すこととし、改めてご家族にヒアリングを行い、山本さんの詳細な生活歴の把握に努めました。その中で、看護師だった頃は夜勤も多く、夜勤中はソファで仮眠をとるのが常だったことがわかったのです。山本さんの「現実」がその頃だとしたら、山本さんにとっては居室のベッドで眠るより、ソファで眠るほうが自然です。表情やソファでの眠り方などからも、ソファで眠るほうが山本さんにとって「当たり前の現実」なのだと察せられました。

私たちはその「現実」を肯定しながら、山本さんの思いや言動に則って穏やかに生活できるよう支援していくラテラルケア（現実肯定支援）に切り替えたのです。その結果、山本さんはソファでぐっすり眠り、朝もすっきりと起き、そして何より穏やかな表情が増えていきました。

山本さんが看護師として活躍していた時代に戻っているのを示すように、介護スタッフが申し送りをしているときは必ずそばで聞いていますし、バイタルサイン測定の際も近くにきて見守ります。その姿はまさに後輩を優しく指導するベテラン看護師のようです。実際、他の入居者のお世話もよくしてくださいます。

介護スタッフもそうした山本さんの「現実」を肯定し、移動の際には山本さんに他の入居者の車椅子を押してもらったりします。山本さんも笑顔でしっかりと車椅子を押していきます。ラテラルケア（現実肯定支援）を実施したことで、山本さんは明るさや快活さを取り戻したのです。なお、これは今から約8年前、私たちが認知症ケアの新メソッドを模索し始めた頃のお話です。

認知症の方にとって、起こっているすべては「現実」

では、ラテラルケア（現実肯定支援）を実践するポイントは何か、次はそれを考えていきましょう。

認知症を有する方の「現実」を肯定し、介護者が「現実」に入り込んで支援するためには、まずその人の「現実」を見極める必要があります。

前述のように、見当識障害がある人はまだ見ぬ未来ではなく、体験や経験を伴う過去に戻っている場合が多く、そのためにもご本人やご家族へのヒアリングなどから生活歴をしっかり把握しておくことが重要です。また、「アセスメントから、その人に適したメソッドを見極める」（121ページ）の項でも説明したように、豊泉家では「よく見られる行動や発言、表情」「ホーム内でよくいる場所」「会話によく出てくる人物」「ホーム内で相性のよい人・悪い人」「反応のよい呼称」などの情報も集めてアセスメントシートに記載しており、それらもその人の世界観を知る足がかりとしています。こうしたさまざまな情報を把握した上で、その人の言動を観察しながら「今、この人の行動は何歳ぐらいのときを背景にしているのだろう」「いつの時代に戻っているのだろう」「どの時代のライフスタイルが影響しているのだろう」などと、その人の「現実」を見極めていきます。そして、その「現実」にチャンネルを合わせるように入り込んでいくのです。

例えば、夕方になるとそわそわして落ち着かなくなる入居者がいました。よくよく観察すると、誰かを迎えにいこうとしているようです。娘さんに聞くと、「小さい頃から塾に通っていて、いつも母が迎えにきてくれた」とのことでした。つまり、その方は今、子育てに忙しくしていた時代を生きていて、夕方になると娘さんを迎えにいこうとしているのかもしれません。そうしたことを推察しながら、その人に合ったチャンネルを探り当てていくのです。

チャンネルを合わせる際は、その人の過去のさまざまな呼称を用いて反応を見ることも重要です。呼びかけの言葉への反応はあるか、呼びかけは女性・男性どちらの声のトーンがよいか、どのような呼ばれ方がよいか、どのような身振り手振りを加えると反応がよいかなど、試行錯誤を繰り返します。

それでは、次項からこのメソッドの実践例を紹介していきましょう。

ラテラルケアのケーススタディ

実践例❶ 世界観に合わせて息子の死を伏せる ～穏やかな最期へ

佐々木隆（仮名）さん（96歳・男性）は、91歳のときに奥さんを、94歳のときに長男を病気で亡くされました。長男が亡くなった際には大きく体調を崩し、認知症の進行もあって、結局長男の死を認識できない状態（一度は長男が亡くなったことを認識したが、認知症によって、その後忘れてしまった状態）が続いていました。

認知症の進行に伴って在宅での生活が困難となり豊泉家に入居しましたが、入居後も佐々木さんの体調を案じたご家族（長男の妻）の意向で長男の死は伏せて、病気で入院しているということにしてほしいと言われました。豊泉家における認知症の進行段階は5です。

佐々木さんは入居直後から帰宅願望が強くみられ、落ち着かない様子で多動もありました。また、「長男が心配だ」という訴えが多く、そのたびに介護スタッフは、「息子さんは近くの病院に入院しています。大丈夫ですよ」などと伝えました。

佐々木さんが入居していたフロアからは1階のエントランスが見える構造になっており、夕方になると誰かが帰っていく様子が見えます。そうした環境が自分も帰らなければという気持ちにさせ、さらに家にいる息子さんたちを思い出させ、それが息子さんを心配する気持ちを増幅させるのかもしれない――。そう考えて佐々木さんの居室をエントランスの見えないフロアに変えてみたところ、帰宅願望の訴えが少なくなるという改善がみられました。しかし、それでもやはり佐々木さんは「家に帰りたい」「息子に会いたい」と継続的に口にされます。息子さんの死というナーバスな事実を知らせることが得策とは考えられない中、何とか佐々木さんのストレスを軽減できないかと、私たちは新たな支援を探っていきました。

佐々木さんの行動をよく観察すると、環境に慣れていないことから手持ち無沙汰な時間が多いことが見えてきました。佐々木さんは囲碁2段で、地域では囲碁が強いことで知られています。そこで、趣味である囲碁を楽しむ環境を整え、気分転換しながらネガティブな心理状況に向かわないよう誘導するケアを試みました。

囲碁は豊泉家におけるレクリエーションの1つでもあるのですが、囲碁が始まると2〜3時間も熱中される佐々木さんの姿がよくみられました。そこで他の入居者に協力いただいて、囲碁を楽しむ機会を増やしていったのです。認知症がかなり進行していたため、対戦前はルールの理解がおぼつかないかもしれないと思われましたが、いざ打ち始めるとルールをしっかり理解されており、それどころかなかなかの熱戦が展開されてギャラリーまでできるほどでした。

入居して間もない中での寂しさや不安が囲碁を通して和らぐとともに、皆から注目される雰囲気は佐々木さん本人にとっても居心地よく、仲間意識の醸成にも役立ったのではないかと思います。「ここはどこだったかな?」と聞かれたときは「囲碁をするところですよ」と答えると、「そうか」と納得する様子もみられるようになりました。

息子さんの死を本人へ伝えるかどうかについてはご家族と相談の場を設けましたが、佐々木さんの心身の状態を心配するご家族の意向により事実は伏せることが改めて確認されました。佐々木さんから息子さんのことを尋ねられた際は「病院にいらっしゃいますよ」と伝え、「病気が治ったら会いに行こうかな」と言われたときは「そうですね、ぜひそうしてあげてください」と話を合わせるなど、ご本人の世界観に合わせる形でラテラルケア（現実肯定支援）を行いました。

佐々木さんは入居して5ヵ月ほどして老衰でお亡くなりになりましたが、人生の最後にストレスの和らいだ状態で落ち着いて生活していただくことができました。ご家族からも、「父が最後に悲しい思いをすることなく、穏やかに過ごすことができてよかった」と安堵と感謝の声をいただいています。

息子さんの死をはっきり伝えないことは、見方によっては佐々木さんにうそをつき続けることでもあります。この点については、正直なことをいえば、ケアの現場でも葛藤の声が聞かれました。しかし、①過去に息子さんの死に直面して佐々木さんが大きく体調を崩したこと、②ご家族が死を伏せてほしいと強く希望されたこと、③96歳という年齢なりに身体の衰えが進んでおられたこと、などを総合的に勘案した結果、息子さんが亡くなったことを佐々木さん本人が忘れている中、「息子さんは入院している」ということに本人が納得していることを現実として捉えることでラテラルケア（現実肯定支援）を貫くことにしたのです。

人生の最後のステージに差しかかっている方に対して、受け入れたくない事実を強引に受け入れさせ、認めさせたところで、そこには大きなメリットはないと思います。本人がストレスのない状態で穏やかに生活することがケアの第一義ですから、このケースではロジカルケア（事実受容支援）は採用しなかったということです。

一方、第三章で紹介した入居の際にだまし討ちのような手法をとることになった上山瑛子（仮名）さんの場合は、ラテラルケア（現実肯定支援）からロジカルケア（事実受容支援）へと方針を転換したわけですが、これは後の生活を安定させていく上で不可欠であると判断したためです。また、上山さんは事実を伝えられたら受け入れられる人だと私たちが判断したことも方向転換の理由です。

認知症を有する方に、どこまで事実を伝えるべきか。その判断は一筋縄ではいきません。あくまで本人にとってどうすることがベストかをご家族の意見も踏まえて慎重に検討すべきであり、よって結論はケースバイケースということです。

実践例❷ スタッフが家族を演じる ～介護拒否が大幅に改善

自宅近くで自分がどこにいるのかわからなくなる見当識障害や、運転している自動車をぶつけるといった症状があった遠藤好美（仮名）さん（67歳・女性）。63歳でアルツハイマー型認知症と診断され、その後、在宅生活が困難になったことから、ご家族が豊泉家へ相談に来られました。

しかし、遠藤さん本人は頑なに入居を拒否したため、まずは環境に慣れていただこうと、豊泉家のホーム内のレストランや美容室で食事やヘアカットなどをしていただきました。徐々に滞在時間を長くして豊泉家の雰囲気に慣れていただき、ご相談から9ヵ月後に入居となりました。豊泉家における認知症の進行段階は6です。

入居後の遠藤さんは喜怒哀楽が激しく、急に不穏になる様子がみられるとともに、他の入居者や介護スタッフに対する暴言・暴力もありました。また、入浴を拒否して清潔さを保つことが困難な点も課題でした。そして、これらの背景にはコミュニケーションが成立しないことによるご本人のストレスもあると思われました。

一方で、旦那さんと二人三脚で会社を経営しておられたためか、男性介護スタッフを部下、スーツ姿の人は取引先の人、女性のことは認知症になって以降身の回りの世話をしてくれていた兄嫁の「まっちゃん」だと思い込んでいます。また、特定の介護スタッフについては、ご自身の旦那さんや娘さんと思い込んでおり、仲良く言葉を交わす場面が多くみられました。

そうした介護スタッフを呼ぶときも旦那さんや娘さんの名前で呼ぶので、当初その介護スタッフは「いいえ、私は○○ですよ。遠藤さんの旦那さんではありません」と説明するロジカルケア（事実受容支援）を行っていたのですが、そうすると遠藤さんが不機嫌になることがわかってきました。そこで、ご家族の了解のもと、ラテラルケア（現実肯定支援）に切り替え、介護スタッフが旦那さんや娘さんになりきる形で介護をさせていただくことにしました。


家族役以外の介護スタッフが遠藤さんを呼ぶときは、「好美社長」という呼称に統一することで抜群に反応がよくなりました。また、遠藤さんは旦那さんを深く信頼しておられるのでしょう。旦那さん役の介護スタッフに「私、どうしたらいいの？」「何をしたらいいの？」「ご飯を食べたほうがいいかしら？」といった具合に自分がやるべきことを尋ねてくるので、介護スタッフは言葉を交わしながら「こうしようね」とケアに結びつけていきました。

話し方も好き嫌いがあり、特に女性が甲高い声で早口で話すと遠藤さんの表情が険しくなります。旦那さん役の介護スタッフは、旦那さんの喋り方に近づけて、話すスピードや声のトーンなどを工夫していきました。認知症になって耳がよく聞こえ敏感になったとご家族はおっしゃっています（189ページのコラム「認知症がもたらす『感覚の変化』」もご参照ください）。

このように介護スタッフとの関係性を改善していき、入浴介助は家族役の介護スタッフが受け持つようにしたことで、入浴もスムーズに進められるようになりました。さらに、遠藤さんは顔に水がかかるのを嫌がることがわかったため、顔をタオルで保護するようにしました。お湯の温度も遠藤さん好みの低めに設定するなどできる限り調整した結果、月に15回ほどだった入浴回数が25回に増加したのです。

日中活動の際は仲のよい入居者と話ができるよう工夫したり、また個別対応ができるサービスを別途利用して散歩をしながら会話を楽しんだりしたことで、コミュニケーションの質が大きく変わりました。

こうしたさまざまな支援により遠藤さんは次第に落ち着きをみせ、暴言・暴力については以前は1ヵ月で14回ほどだったのに比べ、取り組み後は3ヵ月で3回と大幅に減少しました。

本人の世界観にチャンネルを合わせるためにも、ライフヒストリー（生活歴）やこだわりを詳細に把握することの重要性を改めて学んだ事例といえます。

実践例3 相手が望む役を演じる ～舞台は認知症を有する方の世界

飲食店を経営していた菅原久雄（仮名）さん（84歳・男性）は若い頃からお酒が好きでしたが、親族問題からアルコールの量がさらに増加。80歳を過ぎてアルコール性認知症と診断され、裸でマンション内を歩き回るなどの行動がみられるようになったため豊泉家に入居しました。豊泉家における認知症の進行段階は6です。

飲食店の経営者としてバリバリ働いている自分――それが菅原さんの生きている「現実」であり、豊泉家の介護スタッフを部下、会計係、得意先の偉いさんなどと認識しています。こうした菅原さんの「現実」を無視することもできますし、「菅原さんはもう社長ではありませんよ」と「事実」を伝えることもできます。

しかし、そうすることは、「事実」を受け入れられない菅原さんを否定することです。否定を積み重ねることは菅原さんの活力を奪い、認知症状を悪化させることにもつながります。そのため、ラテラルケア（現実肯定支援）により、菅原さんの「現実」の中で介護スタッフは自らの配役を演じながら支援にあたることにしました。

例えば、会計係の介護スタッフには「振り込みはしておいてくれたか？」などと話しかけ、介護スタッフが「はい、振り込んでおきましたよ」と答えると、「そうか、そうか」と機嫌よく過ごしています。また、得意先の偉いさんだと思い込んでいる介護スタッフと話すときは、深々とお辞儀をし、丁寧な言葉で話すのです。一方、部下だと思い込んでいる介護スタッフには「何をやっているんだ。仕事をしないなら帰れ！」などと容赦なく厳しい言葉を浴びせます。

ラテラルケア（現実肯定支援）を導入する前の豊泉家であれば、厳しい言葉を浴びせられた介護スタッフは菅原さんが生きている「現実」を理解できない中、ある程度は菅原さんの言動を受け入れながらも、やはり「一生懸命やっているのに、しんどいな、報われないな」と思い、時には落ち込み、ストレスになったことでしょう。しかし、ラテラルケア（現実肯定支援）を実践する上で、介護者は時に俳優にもならなければいけないとわかっている今、介護スタッフは「一生懸命働くので、もう少しいさせてください」と自ら進んで部下を演じながら菅原さんの支援にあたっています。ラテラルケア（現実肯定支援）を理解・実践し、認知症を有する方の「現実」を知ることで、介護スタッフも肩の力が抜け、よい意味で楽しみながら認知症ケアができるようになってきたと思います。

さらに、ご家族との関係にも変化が生まれました。ラテラルケア（現実肯定支援）を実施することを奥さんに話したところ、「主人は私のことがわかるときと、わからないときがある」という話が出ました。そして、奥さんは菅原さんが自分のことをわかっているときは妻として接し、わかっていないときは「お元気ですか？」などと赤の他人を演じてくれるようになったのです。

私も大好きな祖母が認知症になった際に経験しましたが、大切な人に自分の存在を忘れられるショックは筆舌に尽くしがたいものがあります。しかし、奥さんはそのことを受け入れ、菅原さんの「現実」にチャンネルを合わせてくれているのです。

豊泉家に入居する前、奥さんは菅原さんのつじつまの合わない話に合わせようとするもうまく噛み合わず怒られ、困惑し、疲弊していたそうです。裸でマンション内を歩き回る姿にも打ちのめされ、よく泣いていたといいます。それが豊泉家に入居してからは穏やかに生活できるようになり、「主人のこんなによい顔が見られるのならば、私もそういう対応をします」と言ってくれています。

在宅介護では介護される人と介護する人がうまく意思疎通できず互いにピリピリしたり、関係性が崩れてしまったりすることがあります。それが豊泉家への入居を機に距離感をうまく取ることができ、介護の専門家という協力者が現れることで、もう一度笑い合える関係になった。そんな姿を間近で見られるのも、ラテラルケア（現実肯定支援）の成果の1つだと思います。

実践例❹ 願望を支援する ～生きがいや気力を失わないために

若年性認知症を発症した小野寺貴志（仮名）さん（67歳・男性）のケースです。小野寺さんは当初、ご家族が在宅で介護され、豊泉家のショートステイを利用していました。しかし、認知症が進行して被害妄想が表れ、家族に暴力を振るうなどの危険行動がみられるようになったことから豊泉家へ入居しました。豊泉家における認知症の進行段階は6です。

入居早々、小野寺さんの徘徊が始まりました。徘徊は入居前に利用していたショートステイでもみられ、そのときは他の利用者の居室に入りトラブルになってしまうため徘徊を止めていましたが、小野寺さんはそのことに納得しておらず怪訝な顔をしていました。

入居後、改めて私たちは朝から晩までフロア内を徘徊する小野寺さんを観察して、あることに気づきました。それは徘徊時に小野寺さんが穏やかな表情でいることでした。まるで散歩を楽しむかのように歩き回っているのです。

多くの場合、徘徊している人は眉間にしわを寄せて険しい表情になります。その場合、徘徊は本人のストレスの表れであるため止める必要があります。しかし、小野寺さんのように穏やかな表情で歩いているならば、徘徊を止められるほうがストレスになるのではないかと考えました。ショートステイ中に徘徊を止められた小野寺さんが怪訝な顔をしていたのが、その証拠です。

また、歩くこと自体は身体にも脳にもよい影響を与えることが近年のさまざまな研究でわかっています。徘徊しているときに、小野寺さんがどういう「現実」を生きているのかまではわかりませんが、これらのことを勘案した結果、私たちは小野寺さんの「歩く」願望を肯定し、好きなだけ歩いてもらうことにしたのです。

試しに万歩計を着けていただいたところ、多いときで1日4万歩も歩いていることがわかりました。小野寺さんはよく「お腹が空いた」とスタッフに訴えることがあり、それは認知症により食べたことを忘れているのだろうと、以前は「先ほど食べましたよ」と事実を伝えながら飴などを舐めてもらっていたのですが、これだけの運動量となると高齢者向けにつくった1600キロカロリーの食事で足りるはずがありません。さっそく栄養士と相談し、ご飯を大盛りにしたり、牛乳を追加したりと、小野寺さんの「歩く」願望を食の面からも支援することにしました。

支援を転換したことをご家族にも話したところ、おやつやおにぎりを持参したり、奥さんが小野寺さんと一緒に歩き、「足がたくましくなったね」と言いながら笑い合ったりと、惜しみない協力をしてくれるようになりました。

小野寺さんは歩くだけでなく泳ぐのも大好きで、ある日、入浴時に「ひゃっほー!」と叫びながら浴槽に飛び込んで泳き始めたことがありました。以来、他の入居者に迷惑がかからないように小野寺さんの入浴の順番を考慮し、スタッフが見守る中で心ゆくまで泳いでもらっています。

このようなケースの場合、従来の認知症ケアでは「どのように徘徊を減らすか」「徘徊の理由は何か」などが主要な課題となるでしょう。しかし、穏やかな表情で機嫌よく徘徊しているのであれば歩いてもらおう。そして、思う存分歩けるように食事の面から支援しよう――それが私たちのラテラルケア（現実肯定支援）です。危険や苦痛がなければ可能な限り「生きるための本能」を支援しようとする新しい認知症ケアのかたちなのです。

実践例5 歌で感情の起伏を抑制 ～友達づくりもケアの一環

川嶋タエ（仮名）さん（86歳・女性）は、80歳を過ぎる頃から好きだった料理を徐々に嫌がり始め、クリニックを受診したところレビー小体型認知症と診断されました。いったんは住宅型有料老人ホームに入居するも認知症が進行し、豊泉家に入居されました。豊泉家における認知症の進行段階は5です。

認知症を有する方の多くはコミュニケーションが難しく、それがケアの1つの課題となるのですが、川嶋さんも例外ではありません。感情の起伏が激しく、機嫌がよいときは比較的落ち着いているのですが、何かの拍子に急に怒り出して機嫌が悪くなると人を寄せつけずケアが成立しません。名前を呼ぶと反応はしますが、その後の会話や声かけに関して理解できた様子はなく、拒否反応はみられるものの川嶋さんの言語は聞き取ることができず、コミュニケーションが困難な状況にあります。また、はたから見ると意味をなさない独語を鏡に向かって話しかけ、鏡に映る自分が反応しないことにさらに怒るという状況もみられました。これらは中核症状の失語や見当識障害に含まれる鏡現象と呼ばれる症状です。

入浴や排泄について介助を拒否し、廊下や食堂などの共用部、他の入居者の居室などで放尿・放便をすることも少なくありませんでした。ピクトグラムでトイレの場所を明示したものの理解ができません。このままでは衛生面で問題が生じますし、他の入居者とのトラブルにも発展しかねず、対策が必要です。しかし、川嶋さんは言葉を話したり、文字を書いたり読んだりすることができません。そこで私たちは、何が川嶋さんの機嫌に影響するのか、機嫌のよい状態を保つにはどうすればいいか、まずはそれを探ることにしました。

最初に試みたのは、川嶋さんへの声かけをこれまで以上に丁寧に行うことです。もしかすると丁寧な声かけが言語によるコミュニケーションを改善させるかもしれないと考えたのです。例えば、排泄ケアについては本人が行きたいタイミングを計るため、先手で「トイレに行きましょうか？」と一声かけます。日中はダイニングなどから出るタイミングを見計らい、夜間はセンサーマットを設置して行動把握に努めるようにしました。実際にトイレに行ったときは「ズボンを下ろしますよ」などと声をかけ、本人の反応を確認して介助するようにしました。

こうした声かけのタイミングが合って排泄を誘導できる場面も確かにありましたが成果は十分とはいえず、依然として感情の乱高下がみられました。そこで介護スタッフ同士で川嶋さんの行動を検討していったところ、一人が「表情や感情をコミュニケーションが成立しているか否かの判断基準に使うことができるのではないか。川嶋さんの言動を観察していると、ハワイアン調の鼻歌を歌っているときがあり、そのときはどうも機嫌がよさそうだ」という報告をしてくれました。

これを聞き、本人の鼻歌を真似て歌ってみたところ、川嶋さんの機嫌が明らかによくなったのです。そこで、機嫌がよいときは完全な意思疎通ができなくてもそのまま普通に話しかけ、川嶋さんの話に相槌を打ちながらコミュニケーションを図ってサポートする。機嫌が悪い（表情が険しい）ときは、まず介護スタッフがハワイアン調の歌を歌い、川嶋さんの表情が緩んだ頃合いを見計らってケアに入る。こうしたアプローチを試みたところ、言語ではなく機嫌による感情や表情をもって介護スタッフとコミュニケーションが図れるようになったのです。

次いで、聞き取れた数少ない川嶋さんの言葉の中に「片付けないといけない」というものがあったというアセスメントの情報を受け、食堂のテーブル拭きなどの簡単な掃除をお願いしてみたところ、嫌な顔をせずにきちんとやり遂げてくれることがわかりました。介護スタッフも「ありがとうございます」「助かりました」といった感謝を伝え、川嶋さんとの間に信頼関係を築くよう努めました。そうした働きかけをするうちに、少しずつではありますが川嶋さんの感情の起伏が緩やかになり、入浴や排泄介助の拒否がなくなるとともに、声かけや誘導のタイミングが合うようになったことで放尿や放便もなくなりました。

しばらくすると、川嶋さんに友達ができました。川嶋さんの3ヵ月後に入居した久保田頼子（仮名）さん（80歳・女性）です。お二人の会話はさながら片言の外国語のようで、私たちからするとまったく理解できないのですが、川嶋さんの言葉に久保田さんがうなずき、時には食事もそっちのけになるほど盛り上がっています。波長が合うとはこういうことをいうのでしょう。今お二人はいつも一緒で、認知症を有する方同士、楽しくも安らぎに満ちた不思議な世界がつくられています。

川嶋さんが介護拒否をしたり、排泄がうまくいかなかったりしたのも、見当識障害や失語からくる寂しさや不安などの感情があったからかもしれません。今はだいぶ落ち着いて生活も改善し、介護スタッフが声をかけると張り切ってテーブル拭きをしてくださいます。

この事例はラテラルケア（現実肯定支援）を実践する際のコミュニケーションの難しさを示しています。介護スタッフでも訴えをつかむことが困難であった中、川嶋さんの表情・感情を読み取りつつ、さまざまな試行錯誤を行い、支援を試みることで少しずつ光が見え、最終的によい変化をもたらすことができました。

また、久保田さんという友人が得られたことは、川嶋さんのQOL向上に大きく貢献しています。久保田さんにとっても同じことがいえるでしょう。介護者として、認知症を有する方同士の相性を推し量り、友人関係を築く手助けをすることもまた重要であると思われます。

川嶋さんのご家族も、「若い頃は引っ込み思案だった母が、豊泉家で友達ができて、しかも楽しくおしゃべりしているなんて夢のよう。こういうことは在宅介護では実現できません。本当にここで生活できてよかったです」と、おっしゃってくれています。

介護というものは、一方的に支援すればよいというものではありません。人と人とのコミュニケーションがハーモニーとなって生活を潤してくれるのは、認知症を有する方もそうでない方もまったく同じです。特に高齢者施設で同じ屋根の下に暮らす場合、人と人をどうつなげていくかという観点は大事にしたいものです。入居者の間にお互いを助け合おうとする機運を引き出すことができれば、認知症ケアの現場はより彩り豊かな空間になることでしょう。

Column 03

認知症がもたらす「感覚の変化」

年齢を重ねると感覚が鈍くなるといわれ、実際に本書で紹介している事例でもそうした傾向がみられます。しかし、本章の「【実践例②】スタッフが家族を演じる～介護拒否が大幅に改善」でも触れた通り、感覚が鈍くなるどころか反対に過敏というほど鋭くなる方が時折見受けられるのは興味深いことです。

豊泉家に入居されているアルツハイマー型認知症の鈴木里子（仮名）さん（83歳・女性）もその一人です。豊泉家における認知症の進行段階は5と判定されています。

鈴木さんは、ダイニングルームなど他の入居者がいるところでは、あらゆる声や音を聞きとって、そのすべてに反応してしまうという様子がみられました。

誰かが「何これ？」というと「何かしらねえ」と答え、「痛い」という声が聞こえれば「大丈夫？　どうしたの？」と返すといった具合です。声のするほうに顔を向けるわけではなく、正面を向いたまま、ただ聞こえてくる声に対して小声でボソボソと応答するのです。ご家族によれば、認知症を有してからは以前よりも耳がよく聞こえるようになったようだとのことです。確かに、聴覚が過敏になり、周りの声に過剰に反応していると思われました。

鈴木さんは車椅子を利用しているため、うるさいと感じても自分からその場を離れることができません。すべての声や音に反応し続けると本人に負担がかかると考えられたため、食事の際は少人数で食事ができるプライベートダイニングで3、4名の方と食事をしていただくようにしました。静かな雰囲気をつくって、耳から入る情報を減らしたのです。その結果、鈴木さんの語りかけはなくなり、落ち着いて過ごせるようになりました。なお、鈴木さんはもともと友達が多く社交的だったため、アクティビティなど交流の場では皆さんと一緒の空間でにぎやかに過ごしていただいています。

これはロジカルケア（事実受容支援）やラテラルケア（現実肯定支援）、インテグレイティブケア（統合的支援）のようなコミュニケーションに焦点を当てたケアにとどまらず、環境を整え、生活空間を使い分けることでストレスを取り除き、生活を改善することに成功した事例です。

ちなみに、自閉スペクトラム症の方にも感覚過敏がみられることがあります。耳からの情報が押し寄せてパニックになってしまう場合、イヤーマフや耳栓をして情報をシャットアウトすることで落ち着きが取り戻せることもあります。

また、感覚の「過敏」でなく「変化」がみられる方もいます。

やはり豊泉家に入居されている方ですが、あるときから「においがする」「おいしくない」などと言って食事の量が減っていきました。思い込みもあるのかと思い、お弁当箱に入れ替えて「買ってきたものですよ」とお出ししましたが、「ここ（豊泉家）のにおいがする」と言って、やはり召し上がりません。

医師がホームに往診した際、ティッシュペーパーに醤油を少量染み込ませたものを嗅いでもらって嗅覚を調べる検査を行いました。すると、その方は醤油を「お酢のにおいがする」、リンゴは「ブドウのにおいだ」と答えたのです。この一連の検査により、嗅覚に変化が出ていることが判明しました。

私たちは食事を味覚だけでなく嗅覚でも味わっています。においが感じられなくなったり違うにおいを感じたりすると、同じ味わいのものでも違う味付けに感じます。この方が食事をおいしく感じなくなってしまったのは、嗅覚の異常によるものと考えられました。

自宅へ一時帰宅した際も、やはり「ご飯が合わなかった」と肩を落として帰ってこられました。何とかしっかり召し上がっていただきたいと、試しに味付けを濃い目にして食事をお出ししたところ、ようやく「おいしい」とモリモリ食べていただくことができました。嗅覚の変化が味覚の変化も招いているのかもしれません。

こうした事例からは、感覚の過敏あるいは変化を認知症が引き起こしている可能性が見て取れます。これらの症状に対し、介護者は環境を整える、原因を追求するなどして対策を講じる必要があるでしょう。

なお、認知症と感覚過敏の関係については研究者も関心を持っているようです。臨床神経心理学が専門の中央大学・緑川晶教授は「BPSD（行動・心理症状）の原因の1つとして感覚の過敏性があるのではないか」と指摘しており、それまで温厚だった方が認知症の症状の進行とともに、大好きだった孫の声にイライラするようになったというケースにも言及されています（Chuo Online「研究　感覚の過敏性を通じた理解」より）。

また、近年の研究では、認知症の前兆として嗅覚障害があることが報告されています。嗅覚等を司る脳の嗅覚野と記憶を司る海馬が嗅内野でつながっていることから嗅覚と記憶は密接な関係にあり、認知症を発症するかなり前から嗅覚に支障が出始めているとのことです。嗅覚の異常は花粉等のアレルギー性鼻炎や風邪などでも起こりますが、長引くようであれば耳鼻咽喉科を受診されることをお勧めします。

これらはほんの一例に過ぎませんが、認知症は感覚にどう影響を及ぼすのか、及ぼすとしたらそのメカニズムや症状はどのようなものか、私たちも関心が尽きません。介護の現場で知見を重ね、このテーマを今後も探求していきたいと思っています。

第五章

「インテグレイティブケア」実践の心得

ロジカルケアとラテラルケアを融合させる

介護者が対応を柔軟に切り替える

さて、ここまでロジカルケア（事実受容支援）とラテラルケア（現実肯定支援）について説明してきました。

すでに述べた通り、認知症を有する方の症状のあり方は千差万別です。ロジカルケア（事実受容支援）を行ったうえで、ラテラルケア（現実肯定支援）を実践しても反応が乏しい場合もあるでしょう。実際、私たち豊泉家のケアでもそうしたケースが少なからずあります。

そのような場合に効果を発揮するのが本章で紹介する「インテグレイティブケア（統合的支援）」です。ロジカルケア（事実受容支援）かラテラルケア（現実肯定支援）のどちらかを適用するのではなく、両者のよいところを取り入れるのです。

インテグレイティブ（Integrative）とは「統合的な、集成的な」という意味です。一人の人、もしくは1つの場面への対応として相反するアイデアがあった場合、通常は「AかBか」の二者択一を迫られるところですが、そこを「AもBも」という発想で両者のよいところを活用するわけです。

『認知症イノベーション』発行後、いろいろな実践をしていく中で、認知症を有する方は同じ人物でも場面や状況によって症状に波があることがわかってきました。例えば、ある事柄についてはロジカルケア（事実受容支援）が通じるけれども、別の事柄については事実を受容できない場合があります。また、基本的にラテラルケア（現実肯定支援）が向いていると思われる方でも、ある場面では事実を伝えることでかえって落ち着きを取り戻すといった場合もあります。

こうした事例を目の当たりにし、私たちは単にいずれかのケアを当てはめるのではなく、本人の表情や行動、納得度合いを確かめながら、2つのケアのよいところを統合する支援が必要と思い至りました。そして、実際にその支援を実施すると効果が表れることがわかったのです。そこでこの手法を「インテグレイティブケア（統合的支援）」と名付け、新たなメソッドとして本書で紹介することにした次第です。

どのような場面でケアを切り替えるかといえば、それもまた多種多様です。本人の体調や精神状態、事柄、時間帯（昼間か夜間か）など、生活のあらゆる場面に及びます。例えば、同じ方でも不満や不安の訴え方やこちらの働きかけへの反応によって、「今はコミュニケーションが通じるのでロジカルケア（事実受容支援）でいけそうだ」とか、「今はご自身のこの時代の世界に入っているようなので、ラテラルケア（現実肯定支援）でいこう」といった具合に、介護者が対応を柔軟に切り替えるのです。あくまでも無理強いせず、その方の状況を尊重して寄り添うほうがより納得してもらいやすい、すなわちより成果が上がりやすいといえます。

私たち介護する側にとって物事は時系列でつながっているため、「先ほど理解してくれたことは今も理解しているだろう」と考えがちです。しかし認知症を有する方は物事の流れが断片的であるため、瞬間瞬間のさまざまな情報や刺激を適切に処理できず、私たちの頭の中で構成されているものとは違ったりします。そのため、私たちの〝常識〟で考えてしまうとミスマッチが起こります。「さっきロジカルケア（事実受容支援）で通じたから、今もロジカルケアでよいだろう」と思って接すると、認知症の方が混乱したりパニックになっていくような表情を見せたりすることがあり、そのような場合は瞬時にラテラルケア（現実肯定支援）に切り替えるわけです。

認知症状の軽重でケアを決めつけない

注意していただきたいのは、認知症状の軽い人はロジカルケア（事実受容支援）、重度の人はラテラルケア（現実肯定支援）、中間の人はインテグレイティブケア（統合的支援）が適切と考えられがちですが、必ずしもそうではないということです。

確かに軽度の方ほど理解力や記憶力があり、事実に近いところでコミュニケーションが可能ですし、重度の方ほど自分の世界に没入する傾向は強くなりますが、重度の方でも「今この場面」の事実を伝えると、ふっと納得してくれるケースもあります。「生活全般」ではなく、あくまで「場面ごと」の不安を解消し、今を納得してもらうためのケアが豊泉家の認知症ケアメソッドの特徴ですので、安易に認知症状の軽重によってどのケアが適切かを決めることはできないということです。

また、このこととも関係する留意点として、インテグレイティブケア（統合的支援）を適用する場合には、この場面はロジカルケア（事実受容支援）、この場面はラテラルケア（現実肯定支援）などと決めつけないことです。介護者が同じ対応をしても、相手から出てくる反応がまったく違うことがあることをよくよくわきまえる必要があります。ということはつまり、本人が何を嫌だと思っているのか、あるいは何を望んでいるのか、表情や目つき、身体の緊張度合いなどから総合的に推し量る力、それもその場で即座に見て取る力が問われるということです。

極端なことをいえば、5分前にはロジカルケア（事実受容支援）で納得していたのに、5分後にはラテラルケア（現実肯定支援）に切り替えたほうがよいこともあるでしょう。一度決めたからといって、そのケアを硬直的に適用し続けるのではなく、その場その場で相手の反応（表情や行動）を見極めて臨機応変な対応が求められます。

これは認知症ケアとは直接関係がなく余談になるかもしれませんが、この3つのメソッドの共通事項は「どうコミュニケーションを成立させるかの技法」ということです。そのコミュニケーションについて、マネジメントの父と呼ばれるピーター・F・ドラッカーは『マネジメント［エッセンシャル版］――基本と原則』において、「コミュニケーションとは、①知覚であり、②期待であり、③要求であり、④情報ではない。それどころかコミュニケーションと情報は相反する。しかし、両者は依存関係にある」と述べています。

また、「コミュニケーションを成立させるものは受け手である」「コミュニケーションを行うには『受け手の知覚能力の範囲内か、受け手は受け止めることができるか』を考える必要がある」、そして「コミュニケーションを成立させるには、受け手が何を見ているかを知らなければならない。その理由を知らなければならない」とも指摘しています。まさに認知症ケアにおけるコミュニケーションもこの通りではないかと強い共感を覚えます。

究極のケアを実現する構成要素の核心

認知症ケアはサイエンスだけでなくアートの要素が重要だと述べましたが、まさにアート的な感覚で、その場に最適な対応を生み出していくことがインテグレイティブケア（統合的支援）では求められるのです。

難易度の高いケアと思われるかもしれませんが、要は認知症を有する方の気持ちに寄り添うということです。必ずしも経験が長いからといって簡単にできるものでもありません。むしろ本人をよく知るご家族であればこそ、何が本人にとってベストかを見極めることができ、インテグレイティブケア（統合的支援）を上手に実践できるという見方もあるでしょう。

認知機能は低下したとしても、長年培ってきた生活機能、そして生きるための本能は残っていることが多いものです。その本能を最後の最後まで引き出し、支援することが究極の「ケア・介護」であると私たちは考えています。そして、このインテグレイティブケア（統合的支援）こそ、究極のケアを実現する構成要素の核心といえるでしょう。

では、このインテグレイティブケア（統合的支援）を介護現場でどのように取り入れているのか、事例を見ていきましょう。

インテグレイティブケアのケーススタディ

実践例❶ 状況に合わせて声かけを変える ～安定した生活の実現

原口久代（仮名）さん（93歳・女性）は、80代でアルツハイマー型認知症と診断され、お住まいの広島でデイサービスを利用されていました。89歳のときに転倒し、介護を必要とする生活になったため、大阪に住む娘さんと同居を開始。同年に旦那さんが亡くなり、90歳になったとき同居していた娘さんが心不全で倒れたことをきっかけに豊泉家へ入居されました。豊泉家における認知症の進行段階は5です。

原口さんは現役時代にトップセールスとして活躍され、リーダーシップを発揮してこられたということです。そのためか、自分が上司で、他の入居者や介護スタッフを部下だと思っているようで、相手の言葉遣いやお辞儀の仕方などを注意することがしばしばみられます。また、ご飯の食べこぼしなど他の入居者の行動で気になることがあると注意する傾向もあり、他の入居者と口論になったり、杖で叩こうとしたりする姿がみられました。本来は話し好きではあるものの、このままでは関係性の悪化により交流ができなくなる恐れがありました。

どれほど説明しても、他の入居者を部下とみなす思い込みが解けません。そこでトラブルを減らすため、ご本人の話を受け入れて、食べこぼしの少ない方と一緒の食事席にしました。その結果、食べこぼしや気に入らない所作が目に入らなくなったことで、他者とのトラブルが少なくなっていきました。


一方で帰宅願望や見当識障害もあり、「ここはどこ?」「広島に帰りたい」「夫はどこ?」と頻繁に訴え、適切な声かけができなければ落ち着かず不穏になることがありました。また、夜間は不眠や徘徊がみられました。

居場所がわからなくなったときは、「娘さんの近くにいますよ」と事実を伝えることにした他、娘さんにお願いして「大阪にいる」という手紙を書いていただき、それを見てもらうことで理解を促すようにしました。しかし、事実を伝えても「ここは大阪ではない、広島じゃ」と話されることがあるため、その際は話を合わせると落ち着かれることがわかってきました。

また、ご家族を探している場合は、居室に飾られている写真を見ながら「旦那さんは亡くなったんですね」と言うと理解されるときもありますが、理解できずに「なんでそんなこと言うの?」と怒るときもあります。そんなときは、「すみません、他の人と間違えました。お父さんは仕事に行っていますよ」と話すと落ち着きます。

このように、介護スタッフたちはその時々の原口さんの状況に合わせて声かけを変えることにしました。つまり、まずは事実を伝え、それが伝わらないときには原口さんの世界観に合わせてお話をするわけです。

もう1つ、原口さんには空腹の訴えやおやつ等の間食を求めることがよくありました。ご家族にお願いして居室の棚や冷蔵庫に嗜好品を置いていましたが、どこにあるか理解できず食べられないことがあったため、嗜好品の配置図を書いた紙を棚や冷蔵庫に貼るという視覚に訴えるロジカルケア(事実受容支援)を行いました。その結果、ご自身で嗜好品を取り出し、飲食できるようになったのです。

これは、基本的には事実を伝えるロジカルケア(事実受容支援)を行いつつ、その都度の本人の反応を見ながらラテラルケア(現実肯定支援)に切り替えていくという、インテグレイティブケア(統合的支援)の典型例といえるでしょう。

この使い分けにたどり着くまでの間はケアがなかなかうまくいかず、私たちとしても試行錯誤を繰り返した事例です。その場の反応を見て柔軟に対処する方針を介護スタッフ間で徹底したことで、原口さんは次第に落ち着く時間が増え、安定して過ごすことができるようになりました。現在は他の入居者の方とも和やかに交流を楽しんでいます。

実践例❷ ピクトグラムを活用する ～放尿・放便が劇的に改善

ロジカルケア（事実受容支援）において主要な方法である構造化を柱に、ラテラルケア（現実肯定支援）も取り入れた事例です。

中川立男さん（80歳・男性）は豊泉家における認知症の進行段階は5で、入居して間もないということもあってか、落ち着きなくフロア内を歩き回る姿が多くみられました。歩き回るうちに自分がどこにいるのかわからなくなって他の入居者の居室に入ったり、トイレの場所が見つけられずさまざまな場所で放尿・放便したりすることもありました。

放尿・放便は衛生的にもプライバシー的にもよくありませんし、他の入居者が滑って転倒するなどの危険もあります。そこで、中川さんがトイレの場所を理解できるよう、共用トイレと居室内のトイレに「お手洗いはこちらです」という文字と男女の絵を描いたトイレのピクトグラムを貼ってみました。その結果、中川さんはトイレの場所を認識して自らトイレに行くようになり、放尿・放便もすっかりなくなったのです。

また、中川さんが落ち着いて過ごせる環境づくりのために、共用スペースに設置しているソファの活用を勧めてみました。やがて中川さんはダイニング入り口のソ

共用トイレに貼った
トイレのピクトグラム

中川さんはピクトグラムを確認し、
自らトイレに向かう

明るい表情を
見せてくれるようになった中川さん

ファがお気に入りとなり、食事以外はそこに座ったり寝転んだりしながら過ごすようになりました。夜トイレに行った後も居室に戻らず、そのソファで眠ることもあります。こうして自分の心地よい居場所を持つことで、中川さんは落ち着いて過ごせるようになりました。

また、中川さんは娘さんとその旦那さん（娘婿）が大好きで、介護スタッフの一人を娘婿と思い込んでおり、この介護スタッフが支援にあたるときは娘婿の名前で呼びながらとてもよくおしゃべりします。

介護スタッフも中川さんを「お義父さん」と呼んで娘婿を演じながら支援にあたっており、こうしたラテラルケア（現実肯定支援）も取り入れることで、中川さんはさらに落ち着いて生活できるようになりました。

奥さんを亡くし、うつ病を発症してからは家に閉じこもりきりだったという中川さんですが、さまざまな対応によって次第に明るい表情を見せてくれるようになりました。ご家族からも「父の表情が和らいできた。話す言葉も増えて会話も弾むようになった」という嬉しい声をいただいています。

実践例3 世界観に合わせた支援の実施 ～本人の納得度を高める

松井八重子（仮名）さん（82歳・女性）は、30年にわたり旦那さんの介護を献身的に行っておられたそうです。旦那さんが亡くなった後、自宅の片付けができない、食事がおろそかになるなどの認知症状が表れ始めたことから、豊泉家へ入居されました。豊泉家における認知症の進行段階は4です。

入居後、松井さんは友人ができ、お二人でホーム内のレストランでコーヒーを飲んだり散歩をされたりしていました。ところが、そのお友達の状態が悪化して行動をともにできなくなった頃から落ち着きがなくなり、徘徊や不安そうな表情が増えてきました。この段階で、松井さんの課題は大きく3つありました。

1つは、今は亡き旦那さんを探すこと。亡くなったことを忘れて、「お父さん、どこにおるんかな？」と探すのです。そういう場合はまず居室の仏壇にある旦那さんの写真を見せて、亡くなられた事実を介護スタッフが伝えます。それで理解するときもあるのですが、理解できずに「知らない人の仏壇だ」と主張されることもあります。その場合は、旦那さんが健在でどこかへ出かけているという松井さんの世界観に合わせるようにします。

例えば、「お父さん、どこ行ったんかなあ?」と言われたら「どこでしょうねえ」と答え、「上(の階)に行ったのかな?」と言われたら「一緒に探しに行ってみましょうか?」と返事をするという具合です。そして、「探しに行きましょうか?」と言うと、「いるんだったらそれでいいわ」と納得されるのです。亡くなったという事実の理解は難しいかもしれませんが、どこか感じる部分があるようで、その感情をご自分なりに整理しているような印象も受けます。

2つ目の課題は、子どもを探すときがあること。キーワードは2つあります。1つは「あの子はどこ行った?」、もう1つは「あの女の子はどこに行ったの?」です。

さまざまな会話と松井さんの反応を見てわかったことは、「あの子はどこ行った?」という問いかけの「あの子」とは、どうやら大人になった息子さんや娘さんのことのようで、「仕事に行っていますよ」と伝えると納得した表情になります。

一方、「あの女の子はどこに行ったの?」という問いかけには、「今そこを走っていった」とか「さっきここで遊んでいた」といった幻覚や妄想らしき具体的な発言があります。息子さんや娘さんが幼かった頃の世界を見ているのか、あるいは一般的な公園などの光景が広がった世界を見ているのかは定かではありませんが、「(そういう女の子は)見ていないですね」と返答するとなんとなく納得し、それ以上追求することはありません。

「あの子」と「あの女の子」の違いは、介護スタッフ同士で話を突き合わせてようやくわかったことです。間違った回答だと首をかしげることから、本人の中では明確に区別されていると思われます。

3つ目が入浴拒否です。入浴回数が少なくなってしまうことから衛生面の懸念がありました。これについては、ホーム内で新たに友人ができて、その方がお風呂に入ると松井さんも入ることが増えてきたため、友人の協力を得ることでスムーズな入浴ができるようになりました。

こうしたさまざまなケアが奏功し、松井さんは新しいお友達と穏やかに日々を過ごすようになり、入浴もお友達に誘われると嫌がらずに行くようになりました。

また、ご自身で役割を持っている認識もあり、食事時には入居者のコップ、お茶、お水を準備してくれます。介護スタッフが準備をしているのを見て自発的に始められたことで、かつて自宅に来客があるとあれこれおもてなしをされていたという松井さんの世話好きな一面が垣間見えます。

役割を継続することもロジカルケア（事実受容支援）の一環であることから、飲み物の準備を忘れたときは声をかけると、「そうやったわね」と思い出してくれます。このように事実に基づいたコミュニケーションが成立する点は、ロジカルケア（事実受容支援）が効果を発揮しているといえるでしょう。また、友人に関しても人とのおつき合いをするという認識は残っており、他者からよい影響を受けることも多いことから、お友達とのよい関係性を継続することが今後のＱＯＬの維持に重要となります。

この事例も状況に応じてロジカルケア（事実受容支援）やラテラルケア（現実肯定支援）を使い分けているという点で、まさにインテグレイティブケア（統合的支援）の典型といえるでしょう。場面場面で松井さんの反応や言動に多少の違いがみられたり、1日の中で機嫌や落ち着きに変動があったりはするものの、ご本人の発するキーワードや納得度合いを見極めながら、今後も支援を継続していきます。

実践例4 キーワードからワケを探る ～帰宅願望の軽減を図る

相田千鶴子（仮名）さん（84歳・女性）はご主人を亡くした後、実の娘さんと同居しましたが、認知症状の進行を受けて豊泉家へ入居しました。豊泉家における認知症の進行段階は3です。

相田さんは着替えや食事、排泄など身の回りのことは自立しており、他の入居者のお世話もよくしてくれます。また、わからないことがあれば介護スタッフと言葉でやりとりすることで解決できるため、ロジカルケア（事実受容支援）を活用していました。

そんな相田さんですが、どうしてもロジカルケア（事実受容支援）が通じないときがありました。それは毎日夕方に帰宅願望が表れるときです。普段は事実を伝えれば納得する相田さんですが、このときだけは「ここで生活することになったんですよ」「ここが相田さんのお家ですよ」と介護スタッフがいくら説明しても受け入れることができません。自身の携帯電話で家族や警察に電話して「家に帰してもらえない」と訴えたり、「家に帰して！」と夜遅くまでスタッフルームの扉を叩き続けたりすることもありました。

こうした状態は相田さんのストレスとなり、不眠や心身の不調につながりかねません。対処法を探る私たちは、帰宅願望時に相田さんが訴える言葉に着目しました。

帰宅を訴える際、「心配だから家に帰りたい」「遅くなったから家に帰りたい」といった言葉の他に、「仕事が終わったから帰りたい」「私の役割は済んだから帰りたい」というものがありました。相田さんは何らかの仕事や役割を持っており、それが終わったから家に帰してほしいと訴えている場合があるということです。

アセスメントシートの記録では相田さんは仕事はしていませんでしたが、ご家族によれば若い頃はボランティア活動に熱心に取り組んでいたとのことです。つまり、「自分はここにボランティア活動に来ており、仕事や役割が終わったから家に帰りたい」というのが、帰宅願望時の相田さんの「現実」ではないかと私たちは推測し、ラテラルケア（現実肯定支援）を実施することにしました。

相田さんが帰宅願望を訴えた際は、「わかりました。でも、今日は晩ご飯の用意もしていますので、明日の朝自宅に帰りませんか？」とか「お嬢さんが迎えにきますからしばらくお待ちくださいね」など、ボランティアが終了し帰れることを前提とした声かけを行ったのです。

実際、このラテラルケア（現実肯定支援）による声かけにより、納得し落ち着いた状態に戻る場合もありました。しかし、同じ声かけをしたときに、「なんで帰るの？私、ここに住んでいるんじゃないの？」といった言葉が返ってくることもあったのです。そのときの相田さんは、ボランティア活動に来ているのではなく、ここに住んでいるという認識を少なからず持っているということです。

さらに相田さんの反応や言葉を詳しく探っていったところ、帰宅願望時の相田さんには「ここに住んでいる」という「事実」を受け入れられるときと、「ここにはボランティア活動に来ている」という「現実」を生きているときがあり、どちらの状態かを見極めるためのキーワードは「仕事」「役割」「ボランティア」などであるということがわかってきたのです。

つまり、相田さんの言葉の中に「仕事」「役割」「ボランティア」といった単語が出てきたときは「ここにはボランティア活動に来ている」という「現実」を生きており、これらの単語が出てこないときは「ここに住んでいる」という「事実」を受け入れられる可能性が高いということです。スタッフはこうした相田さんの状況を瞬時に見極め、ロジカルケア（事実受容支援）とラテラルケア（現実肯定支援）を使い分けるインテグレイティブケア（統合的支援）を実施することにしました。

相田さんの帰宅願望の訴えは現在も続いていますが、相田さんが今現在どの世界にいるのか――ここに住んでいてわからなくなっているのか、もしくはここにボランティア活動に来ているのか――を見極め、その状況に応じた対応をする。すなわちインテグレイティブケア（統合的支援）の実践によって、相田さんも介護スタッフもともに穏やかに過ごすことができるようになりました。

実践例5 「ありのまま」を全面的に肯定する～地獄からパラダイスへ

最後は、認知症の症状から型破りな振る舞いに及んでいた方が、インテグレイティブケア（統合的支援）によって落ち着きを取り戻された事例です。

林喜美枝（仮名）さん（80歳・女性）は、70代後半から話のつじつまが合わない、物忘れがあるといった認知症の症状がみられるようになり、79歳で要介護1と判定されました。その後、認知症状が進んだのか行動がエスカレートし、マンションの廊下で寝る、失禁で汚れた下着を部屋に放置する、夜中に警察署や消防署に押しかける、日中は市役所に居座って「誰かが侵入して自宅のトイレを壊した」と被害妄想と思えるクレームをつけ続けるといった行動で、さまざまなところから苦情が寄せられ、ご家族も困り果てていました。デイサービスは利用していたものの周りと馴染めず、ショートステイは受け入れ先がないという状況で、ご家族から「豊泉家でなんとかしてもらえませんか」というご相談がありました。

ご家族は自宅からほど近い豊泉家のホームへの入居を希望されていましたが、そこは建設中で開設までに2ヵ月ほどあり、その間ご家族が介護するのは困難です。そこでリスクを承知しながらいったん別の地域にある豊泉家のショートステイで受け入れ、自宅近くの新しいホームが開設したらそちらに転居することとし、79歳で豊泉家に入居されました。豊泉家における認知症の進行段階は5です。

認知症状がみられるものの、本人が医療を受けることを強く拒否され、適切な支援や医療が提供されていないことが課題と考えられました。ケアマネジャーと地域包括支援センターからは精神科病院への入院が適切との申し送りがありました。しかし、この状態で精神科病院へ行けば身体拘束や投薬により活気の低下は避けられない可能性があります。申し送りは受け止めつつ、本当に精神科病院しか選択肢がないのか、豊泉家で暮らしていただける道はないのか、一度林さんと正面から向き合ってみようじゃないかということで、入居を引き受けることにしたのです。

入居前のご本人との面談で「市役所に行っているんですか？」と聞くと、「はい、クレームを言いに行っています」と事実を踏まえた受け答えをされました。ただ、その理由や訴えの内容となると要領を得ません。豊泉家をはじめとするあらゆる高齢者施設を毛嫌いしているようで、興奮した状態で目いっぱい怒りをぶつけながら「こんなところには入らない。家に帰る！」と大声で叫び続けます。

しかし、季節は冬で、外で過ごすのは身体への負担が大きすぎます。また、自宅のトイレが壊れて使えない状態なのは事実です。そこで、「家のトイレが壊れているようですし、またいろいろな方とトラブルになると危険ですので、ここでいったん落ち着いて過ごしましょう」と言ったところ、怒鳴り散らしながらも何とかショートステイの利用を受け入れてくれました。また、会話がある程度成り立つので、私たちはロジカルケア（事実受容支援）を適用できそうだと考えました。

その後、ケアをしようとするたびにボロカスに怒鳴られる日々が続きましたが、それでも月日を経るうちにわずかながら落ち着いた様子がみられるようになりました。そこで、私たちは林さんとの距離感を慎重につかみながら、入浴のケアに入っていくことにしました。ご家族が言うには、林さんは2年ほどお風呂に入っていないということです。入居して少し経った頃に全身の清拭は受け入れてくれましたが、入浴は頑なに拒否します。林さんは「自分は肺炎のため入浴はできない」と主張されますが、肺炎を患っている様子はなく、医師も問題ないということでした。

そんなあるとき、林さんから「足が痒い」という訴えがありました。絶好のチャンスと考えた私たちは、恐る恐る足浴の提案をしてみました。すると、なんと林さんは受け入れ、しかも足浴をとても気に入ってくれたのです。

私たちはこの機を逃すまいと思い、居室で何度か足浴を行った後に、場所を浴室に変更して足浴を続けました。そして、林さんの反応を見ながら「髪を洗ってみませんか？」と提案してみたところ、林さんはこの提案を受け入れ、さらに回数を重ねるうちについに全身シャワー浴までできるようになったのです。残念ながら、浴槽にまで浸かることはできませんでしたが。これは、1人のスタッフが徹底して林さんの担当にあたり、信頼関係を築いたことによる成果でした。

シャワー浴もできるようになり、ようやく落ち着いた生活が送れるようになり始めた頃、自宅近くのホームがオープンを迎えました。このまま今のホームで暮らすことも提案しましたが、ご家族は自宅に近いホームへの転居を望まれ、林さんは新しいホームに転居しました。その結果、私たちの予想通り、新たな環境に大混乱し、「ここはどこや?」「なんでこんなところに連れてきたんや!」「あなたたちのことは信用してない!」など罵詈雑言を浴びせます。入居当日は大声を出して暴れ、他の入居者の方は何事かと怪訝そうな顔をされ、介護スタッフは遠巻きに見守るといった具合で、一種異様な雰囲気でした。

その後も強い警戒心から自分の荷物をすべて持ち歩き、夜間も居室でなく施設内のレストランで椅子に座り、布団をかぶって寝るという状況が続きました。こうした中、介護スタッフは2人1組になって根気よく林さんに同行し、本人の言動を一切否定せず、とにかく肯定するというケアを続けました。そんな介護スタッフの気持ちが通じたのでしょう。林さんの中で「ここに敵はいない」「安心できる場所だ」という理解が進んだようで、2週間ほどすると少し落ち着きがみられるようになってきたのです。

その時々の本人の思いを受け止め、意向に合わせた対応をすることで現状を受け入れていただけていると手応えを感じた私たちは、そのまま支援を継続することにしました。すると、1ヵ月後には居室のベッドに座って壁にもたれて眠り、さらに1ヵ月経つとベッドに横になって眠るようになり、最終的には部屋のベッドでくつろいで眠るようになりました。荷物も部屋に置くようになったばかりか、話が通じる場面も出てきて、記憶の面でも覚えていることが増えてきたのです。

また、自らの居場所の理解が進んだことで、外出しても一定の場所まで行くと戻ってこられるようになりました。介護スタッフとの関係も変わりました。林さんに大いに文句を言われながらも彼女の一歩後ろを介護スタッフがついていく段階を経て、介護スタッフが横についてしゃべりかけても穏やかな表情で歩くようになり、さらに本人が一人で歩いて後ろに見守りの介護スタッフがそっと控えるという状態へと、1ヵ月少々で大きく変化していったのです。

よく歩くため、一度つまずいて転んでしまい左頬を骨折してしまったことがありました。災難ではありましたが、それをきっかけに病院に行き、そのときに撮ったCT（コンピュータ断層撮影）でアルツハイマー型認知症の診断もされました。体調の認識と治療の必要性を受け入れられたのは、ロジカルケア（事実受容支援）の成果といえます。

また、豊泉家のショートステイで約2年ぶりにシャワー浴ができたのですが、新しいホームに移ってからは振り出しに戻りました。やはり肺炎を患っていると思い込んで入浴拒否をされていたので、まずは医師から「肺炎はもう大丈夫ですよ」と説明してもらいましたが、それでも聞き入れてもらえません。そこでラテラルケア（現実肯定支援）に切り替え、「そうですか。肺炎で入浴できないんですね」と本人の「現実」に合わせることにしました。

すると、少しずつ変化が表れてきたのです。まずは本人の訴えに合わせ、全身の清拭が行えるようになりました。しばらくすると、ショートステイで体験した足浴もできるようになりました。髪が気持ち悪いと訴えるときは、ホーム内の美容室で洗髪もできるようになりました。こうして本人の意向に合わせていくうちに、再びできることが増えきており、夏場にはシャワー浴もできるようになりましたが、冬前より再びシャワー浴を拒否されたため、現在は全身清拭を行いつつシャワー浴や入浴ができるようタイミングを計っています。この報告を聞いたとき、私は真摯にひたむきに入居者と接する豊泉家の介護スタッフを大変誇りに思ったものです。

非常にハードなケースではありましたが、本人の記憶や状況が過去と現在を行き来しており、それに加えて現実と非現実が混合してしまっているような状況にあったからこそ、インテグレイティブケア（統合的支援）が真価を発揮した――そんな事例です。

今、林さんはすっかり落ち着いた生活を送っています。

気持ちが穏やかになったことで、ご家族や他の入居者との関係も回復しました。当初はあたり構わず怒鳴り散らす林さんを恐れて、ご家族は面会を避けていましたが、現在は定期的に面会や外出が可能となり大変喜んでおられます。

以前のデイサービスでは、誰とも交流せず孤立していたのがうそのように、今は皆さんと会話を楽しみ、レクリエーション活動などにも参加したり写真を撮ったりしています。お友達もできましたし、場合によってはしょんぼりしている人を慰めたりする姿もみられます。時には私たち介護スタッフに、「あなたたち、毎日大変ね」と労いの言葉をかけてくれるほどで、もともとはとても優しい方だったのだとわかります。現在のこうした姿を見ると、かつて林さんが精神科病院を勧められるほど暴力的で手に負えない行動に走っていたのは、周りからずっと否定され、迷惑がられていた、地獄のような状況への反動だったのではないかと思えてなりません。

残念ながら、実社会では認知症を有する方はどうせ何もわからないだろうと軽くあしらわれることが少なくありませんが、そんなふうに見られていることは、やはり本人も感じ取っていることでしょう。だからこそ、林さんは自分が自分であり続けるために必死の抵抗をしていたのではないか――そんなふうに思うのです。

豊泉家では本人と真正面から向き合い、丁寧に説明を尽くします。「ここの人は今までの人とは違う」「なぜか後ろをついてくるけれど、優しくしてくれる」とこちらの誠意が林さんに届き、その結果が今につながっているのではないでしょうか。

暴言を吐いたり暴力を振るったりする認知症の方には、「困った人」だというレッテルを貼ってしまいがちです。ケアマネジャーのような専門職でも、一部の人はそのような視点で認知症を有する方を見てしまう傾向があります。その結果、間違った見立て、間違った治療へと追いやられてしまうのです。非常に残念なことですが、こうしたケースは実は珍しくないと感じています。

認知症を有する方を色眼鏡で見ることの危うさを改めて教えてくれた事例ですし、他の専門家が匙を投げるような判断を下したとしても、それを鵜呑みにせずに自分たちでできることをもう一度試してみることがケアの鉄則といえるでしょう。自分たちの目できちんと向き合って検証したことが、このケースでは大きな進展をもたらしたのだと思いますし、林さんもその思いに応えてくださいました。

今の林さんはいきいきとして、まさに地獄からパラダイスへと大ジャンプを果たした感があります。これほど顕著に変化するケースはわずかかもしれませんが、実際にこうした事例があることを、ぜひ読者の皆さんにも知ってほしいと思っています。

ケアの軸を明確にすることが冷静さを保つ鍵

介護は美しいことばかりではなく、こうした生々しいヘビーな状況に直面することも多々あります。中には、そうした状況に心が折れそうになる介護者もいることでしょう。

林さんのケースで介護スタッフの支えとなったのは、①プロフェッショナル精神、②複数のスタッフで交代しながら介護に当たれたこと、③わずかでも林さんの変化を感じ取れたことの3点です。③の変化を察知する目は、インテグレイティブケア（統合的支援）に欠かせないきめ細やかな観察眼にも通じます。

①は、自分たちの使命や目指す成果を明確にするということです。豊泉家の研

修でも、社会における課題を解決することと利用者によい変化をもたらすことが私たちの目的であると確認し、そのために何が必要かを常々問いかけ、思いを共有するようにしています。時に利用者にきつく当たられることがあっても、ケアの軸がはっきりしていることで客観的な感情を保ち、自分たちの使命を盤石にできるのです。そうして実践を積んで成功体験が得られると、利用者のさらなる変化が期待できるようになります。すなわち、介護に楽しみや喜びを見いだせるということです。

とはいえ、在宅介護では①や②の実現は難しいでしょうし、結果として③も感じ取るまでに至らないかもしれません。

「これは自分では手に負えない」「どうしてよいかわからない」となった場合は、決して無理に背負い込まず、ぜひ周囲の人や専門家との連携を図っていただきたいと思います。特に認知症を有する方本人が周囲から受け入れられず否定されるような環境は避けたほうがよいでしょう。認知症の方がありのままの姿でいられるような施設や、そういうケアの信念を持ったプロを探すことを重視してください。

一方で、必ずしも施設でのケアがすべてではないということもお伝えしておきます。本書で紹介するメソッドを活用して、自宅でご家族が実践することも十分可能です。「はじめに」で豊泉家が主催する家族の会「グリーンオアシスの会」を紹介しましたが、ここに集う方々からも「認知症を有する家族の行動を肯定できるようになった」「本人の行動や言葉を受け止めたら、ギクシャクした関係が改善できた」といった声が上がっています。

認知症を有する方の言動は、一般の感覚からするとにわかには理解しがたく、これを全面的に肯定することは難しいことです。しかし、この肯定するということこそが認知症ケアのツボなのです。ご自身のメンタルモデルを取り除くことで、真に相手に寄り添うケアをぜひ実践してみてください。

第六章

認知症ケアの新時代へ

認知症を有していても、生活機能は維持できる！

「これだけ脳萎縮がありながら……」と驚く医師

さて、ここまで認知症ケアの新たなメソッド――ロジカルケア（事実受容支援）、ラテラルケア（現実肯定支援）、インテグレイティブケア（統合的支援）について見てきました。

2015年夏、これらのケアの原型を豊泉家グループのR＆D発表会で発表したところ、大きな批判を浴びました。「言っていることがわからない」「入居者がソファで眠るのを許すなんて、とんでもない」「なぜお箸やスプーンを持たせるのがダメなのか」――こうした反応は、私たち介護スタッフがいかに自分たちの〝常識〟や〝こうあるべき〟といったメンタルモデルに縛られ、認知症を有する方に押しつけてきたかを再認識させられるものでした。

数々の批判を受けましたが、私にはこのメソッドが正しいという確信がありました。その判断基準はたった1つ、入居者の表情です。

実際、3つの新メソッドを実践する中で、入居者の表情は大きく変わりました。以前は不安そうな表情や険しい表情、怒りの表情などがみられた人が、いきいきとした表情、安心した表情、さらにはとびきりの笑顔を見せてくれるようになったのです。同時に、入居者の不穏や介護拒否も減少し、食事をおいしく食べ、ぐっすり眠り、穏やかな日々を送る姿が多くみられるようになりました。


アルツハイマー型認知症と診断されて15年近く経つある入居者のご家族は、「他の施設に入居しているアルツハイマー型認知症の知人に比べ、母のほうが断然進行が遅い。その差はケアにあるのではないか」と言います。ケアが違うと生活機能が衰える速さまで変わること、そして新メソッドによる認知症ケアが有効であることを示す一例といえるでしょう。

また、ある入居者の脳のCT画像を見た医師は、「これだけ脳萎縮がありながら、よくこの生活機能を維持しているものだ」と驚いていました。医学的所見と実際の生活機能が異なることは多々あるのです。もちろん症状の激しい方には、医療によって処方される薬を併用することも重要ですが、薬を服用する方すべてが生活機能を維持できるわけでもありません。

繰り返しになりますが、私たちのケアの目的は、認知症を有する方のすべてを肯定することで「生きるための本能」を引き出すことです。つまり、認知機能の維持に注力するのではなく、生きる本能に直結する生活機能を維持することこそ、真の認知症ケアであると考えているのです。

いわば、生きる本能を支援する取り組みです。生活機能を維持できるか否かは、介護者がどのようなケアを行うかに左右されるのです。

できるだけ自身の力で生活できるよう支援する

本人の生活機能を維持するために、家族はどんなことに気をつければよいのか。これは豊泉家が主催する家族の会「グリーンオアシスの会」でもよくのぼる話題で、皆さんが悩むところでもあります。

「本人のできることが何かわからない」「本人が自分でする時間を待つ余裕がない」などの理由から、介護者が何でもやってしまうという声も多く聞かれます。確かにそのほうが時間もかからず、本人も介護者自身も楽ではあるでしょう。しかし、それを続けていると、認知症を有する方が持っている能力はあっという間に衰え、ゆくゆくは廃れてしまいます。

これとは反対に、先にも少しお話をしましたが、認知症の方に覚えさせよう、できるだけ一人でやらせようとする試みも在宅介護ではよくみられます。しかし、これはこれで、どうがんばってもできないことを強制させられたり、できない自分を否定されたりすることにつながるため、本人は意欲や自信をなくしていきます。

重要なのは、本人の行動を否定せず、その場の納得を促すことでストレスのない状態へ持っていったうえで、できることをできる限りやってもらうこと。それが生活機能を維持する秘訣といえます。

ご家族から見て、もう何もできないと思われている方でも、豊泉家に入居されるといろいろなことができるようになります。いや、もともとできる力を持っていたのでしょう。朗々と歌うようになる、自らご飯を食べるようになる、誰かと話をするようになる、皆さんにお茶を淹れるようになる——。「うちのおばあちゃん、こんなことができるようになったんですか」とご家族はびっくりされるのですが、それは本人が持っている能力を自宅で使う機会がなかっただけだと思います。

その人のできることを見つけて、できる限りやっていただく。それが人の役に立つことであれば、さらに本人は意欲を向上させ、周囲が驚くほど元気になっていくことがあるのです。認知症を有する方であっても、生活のある場面において何ができるのか。そこを見極め、できるだけ自身の力で生活できるように支援するのが介護の本質といえるでしょう。

また、生活機能の維持ということでは、定期的な健康診断も忘れてはなりません。認知症を有する方は、病気が進行しても自らの体調の変化に気づかなかったり、気づいたとしてもうまく表現できなかったりする場合があります。その結果、認知症とは違う病気が進行して、それが命取りになることもあるのです。

併せて歯科検診や口腔ケアも大切です。う蝕（虫歯）や歯の欠損、義歯（入れ歯）が合わない、噛み合わせがうまくできない等の理由から口腔内のトラブルが起き、食事摂取を阻害したり、口内炎ができて痛みがあったり、不快感や不衛生から病気を誘発することもあります。

そのような状況を少しでもなくすには、「認知症の方は健診を嫌がるだろう、できないだろう」「高齢者だからもう健診は必要ない」「医師に診てもらっているから大丈夫」などという思い込みを捨て、健康診断を定期的に受け、客観的に健康を把握しておくことも心がけていただきたいと思います。

健康は「状態」から「能力」へ ～ポジティヴヘルスの発想

認知症になっても有意義な生活を送るために

認知症を有しても生活機能を維持して、健やかに過ごしたいという考え方はとても大切なことです。それは、2011年にオランダで提唱され、現在世界で注目されている「ポジティヴヘルス」という言葉にも通じます。

この言葉の提唱者であるオランダの家庭医マフトルド・ヒューバー氏は、健康を「社会的・身体的・感情的な問題に直面したときに適応して本人主導で管理する能力」と捉え、「病気や障がいのない状態」を健康とするのは現代社会ではあり得ず、たとえ病気や障がいがあっても自らの意思で周囲の人や物を活用しながら人生を前向きに生きることこそが健康の新コンセプトと指摘しているのです。

「客観的健康」と「主観的健康」

私はこの考え方に強く共感します。これまで健康は「状態」を指すものと捉えられてきました。身体的、精神的、社会的に問題がない、いわゆる病気がない十全な状態を健康と呼んできたわけです。しかし、現代社会でそのようなことはあり得ないでしょう。誰しも何らかの疾病や障がいを抱えながら生きているのが実情です。そのような状況においては、疾病や障がいという「状態」にとらわれるのではなく、よりよい生活状態に持っていくことこそ重視すべきではないでしょうか。そして、その「能力」こそがポジティヴヘルスであるというわけです。

この考えに基づくならば、例えば認知症になったとしてもさまざまな資源を使いながら快適に生活し、自らの生活や人生を充実させていくことができるでしょう。本来のポジティヴヘルスの概念に従えば、これをセルフマネジメントで実現しなければなりませんが、認知症の方はそのセルフマネジメントが難しい場合が多くあります。しかし、認知症の方にも意思や願い、そして本能があります。そこで家族や私たち介護の専門職がアセスメントを丁寧に行い支援するわけです。

また、健康には「客観的健康」と「主観的健康」があり、私は両方とも大切だと考えています。前者は疾病や障がいの有無、あるいは身体的、精神的、社会的に良好な状態へと近づけるために、定期的な健康診断を受けながら、数値等の客観的データを活用し、健康状態の把握に努めたり、病気の治療やリハビリテーションを行い状態の改善を図ります。後者はポジティヴヘルスに該当するもので、例えば病気や認知症の診断をされたとしても、いろいろな社会資源や代替機能を活用して自身が納得できる有意義な生活が送れることを意味します。つまり、人的・物的な環境を使ってＱＯＬを向上させるものです。

病気になったから、障がいを有したから、これまでの生活の継続や快適な暮らし、社会とのつながり、生きがいをあきらめなくてはならないと考える人は少なくありません。特に認知症は記憶力や判断力、理解力の低下を招くものなので、診断を受けた人はとてつもなく大きな不安にさいなまれます。しかし、病気によって失われる力が何らかの資源によって補われるのであれば、主観的健康や生活機能の維持、もっといえば「幸せ」を感じる瞬間を追い求めることは可能です。認知症ケアのあり方次第で、そんな社会がきっと実現するのではないかと思うのです。

いざというときに備えて「認知症ノート」を

認知症になっても、それまでと同じように生活や人生を充実させるためには、本人を支える周囲の環境整備のみならず、やはり本人の備えも重要となってくるでしょう。例えば近年、終活の一環としてエンディングノートを準備する人が増えていますが、これと同じ発想で認知症を発症したときの備えとして「認知症ノート」を準備してもよいのではないかと思います。

事例でもみられたように、認知症を有する方の行動はやはりどこか過去の自分とリンクすることが多くあります。認知症になってそれまでと好みやこだわりが変わる可能性もあるにせよ、言葉でのコミュニケーションが難しくなった場合に備えて、自分の生活歴や病歴、さらに生活習慣や望ましい介護スタイル（在宅か施設かなど）、自分のこだわり、そして死に際しての希望などをまとめておくことは、いざというときに周りの人たちから理解してもらえるためのツールとなるはずです。家族としても、そうしたノートの存在があると介護がしやすくなるでしょう。

可能であれば、どのような社会資源が利用できるのか、専門職を交えて検討しておくことが望まれます。特に親御さんやパートナーが高齢者である場合、意思の疎通ができるうちに本人の意向を確認しておくとよいでしょう。

　日本では死とお金の話はタブー視されがちですが、認知症になってコミュニケーションができなくなってから、「どこに通帳があるのか」「どれだけ資産があるのか」「どのような最期を望んでいるのか」といったことがわからず、大混乱に陥る家族をたくさん見てきました。家族や信頼できる人がいなければ、成年後見制度を利用するのもよいでしょう。自分や家族が認知症になる前に、あらかじめ準備しておくことをお勧めします。

認知症の方の最大の理解者は〝あなた〟である

認知症を有する方に学ぶ

ロジカルケア（事実受容支援）やラテラルケア（現実肯定支援）、インテグレイティブケア（統合的支援）の事例を通じて、認知症を有する方を取り巻く環境がその人の生活を、さらには人生を変えていくことを説明してきました。

その環境の中には、ケアする私たちが影響を与えるものが多くあります。となると、認知症を有する方と介護者の関係性はやはり非常に重要であると言わざるを得ません。それは家族でもプロの介護者でも同じです。目の前で支援を求めている人の最大の理解者は、まさに〝あなた〟なのです。

最大の理解者である私たちは、認知症を有する方をサポートするだけではなく、相手から学ぶ姿勢も持ちたいものです。これは特に介護の専門職に訴えたいことです。豊泉家ではさまざまな症状を抱える入居者の方たちが、私たち介護スタッフにいろいろなことを教えてくれます。実際、私たちがロジカルケア（事実受容支援）、ラテラルケア（現実肯定支援）、インテグレイティブケア（統合的支援）という認知症ケアの新メソッドを編み出すことができたのは、入居者の皆さんがさまざまな気づきを与えてくれたからです。

認知症を有する方に学び、自分たちに足りないものを教えてもらう——このスタンスがあればこそ、相手への敬意が生まれます。介護者が敬意を持って温かな面持ちで接することが、認知症を有する方の生活の充実に直結するのです。

いくら物理的によい環境を整えたところで、そこで支援やサポートをする家族や私たち介護スタッフに「生活機能の維持」や「生きる力を引き出す介護」「生活や人生の充実を図る」という視点が抜け落ちていたら、そのよい環境さえもまったく意味をなさなくなってしまうでしょう。

介護はハード（物理的支援）も大切ですが、それ以上にソフト（人的支援）が重要となります。そして、そのソフトの質を決めるのは介護者のマインドです。認知症を有する方にとって、身近で支援してくれる人たちがどれほど大きな存在であるか。その事実を、介護者は今一度深く受け止める必要があると思います。

失敗はあって当然。それを次の工夫に生かすことが重要

一方で、認知症ケアに携わる介護職の中には、その責任の重さや負荷の大きさからバーンアウトしてしまう人が多いことも否定できません。

認知症を有する方とのコミュニケーションはなかなか成立しづらく、介護を拒否されることもあります。時には、怒鳴られたり叩かれたりすることもあるでしょう。認知症の方を支えたいという情熱だけではうまくいかず、続けていけないと思い悩むこともあるかもしれません。そして、この「うまくいかない」という、失敗の経験をどう捉えるか――。キャリアの分かれ道はここにあります。

失敗は決して悪いことではなく、成果を出すために通らなければならないプロセスなのです。例えば、私自身、こうして本を出版し、しかもその中で多くの事例を用いながら認知症ケアについて述べているわけですが、それでも認知症ケアの現場に立てばうまくいかないことは本当にたくさんあるのです。まったく失敗のない認知症ケアというものはあり得ません。だからこそ、うまくいかなかった経験を、その後の自らのスキルの向上につなげていくことが大切なのです。

失敗を含めたさまざまな経験から「こういうときはこうすればいいんだな」「この方法ではうまくいかなかったから、別の方法を試してみよう」という経験知を養い、認知症ケアメソッドをさまざまな視点から実践にて活用し、認知症ケアの現場で起こっていることを理論化することで新たに見えてくるものがあるでしょう。それが実践から学ぶということです。間違っても、実践がこのメソッドや理論に振り回されないように気をつけてください。

本書で取り上げた実践例でも、私たちの試行錯誤の様子を包み隠さずお伝えしました。「Aの方法がだめならB、それがだめならC」という具合に、実践から学ぶ＝認知症を有する方から教えてもらうことの繰り返しで「知っている」から「対応できる」へシフトすることができるのです。

認知症ケアに携わる介護職の皆さんには、一度失敗したからといって絶望せず、失敗を次の工夫に生かしていくたくましさを身につけていただきたい――心からそう願っています。

認知症ケアにおける10大原則とは？

では、認知症ケアの実践に当たって留意すべきことは何でしょうか。ここでは、新メソッド実践の際に押さえておきたい10のポイントを紹介します。

①コミュニケーションのための引き出しを多く持つ

まずは認知症を有する方を知ることから始めましょう。プロの介護者であれば、家族の理解と協力を得て情報を集めます。見たままの表面的な情報だけでなく、家族から情報を得ることでたくさんのキーワードが得られれば、コミュニケーションの引き出しを増やすことができます。また、自身のメンタルモデルの存在を常に意識しましょう。

②本人の気持ちや行動を察する

本人が明確にニーズを訴える場合はそれを傾聴して、訴えに沿った支援を行うことで解決します。しかし、場合によっては真のニーズを訴えられないこともあります。そのため、相手の表情の変化や行動から真のニーズを察することが重要です。特に目を見ることが大切です。

③視覚化など、コミュニケーションに工夫を

認知症を有する方は、言葉では理解できなくても、目で見て理解できることがあります。例えば、「手を洗う」という言葉がわからなくても、洗面台を見れば手洗いを認識し、行動できる人もいます。相手が理解できないからといってコミュニケーションをあきらめるのではなく、相手が理解できるようコミュニケーションを視覚化するなどの工夫を凝らしましょう。

④本人の行動をすぐに止めない

危険なことや他者に迷惑なことでない限り、本人の行動をすぐに止めないようにしましょう。行動も情報と捉えて、別の情報を結びつけると、大きな気づきに変わります。

⑤本人の行動を受け流さない

相手の行動をただ見るだけでなく、「何か意図して行っているのではないか」という視点で見つめることで、その行動の意味がわかってきます。

⑥本人の能力・状態・状況に応じた対応をする

認知症ケアを行うには、相手の能力・状態・状況に応じて対応することが重要です。コミュニケーションが成立しているか、チャンネルが合っているかなどを観察

しながら、ロジカルケア（事実受容支援）か、ラテラルケア（現実肯定支援）か、それともインテグレイティブケア（統合的支援）につなげるのかを考え実践していきます。

⑦うそも方便も時には大切

認知症ケアの成果は本人が納得できているかにかかっています。本人が納得して穏やかに過ごすためには、うそも方便が必要となる場合もあります。

⑧ストレスをかけない

ストレスは本人の状態を間違いなく悪化させます。〝当たり前〟や〝こうあるべき〟という枠に当てはめるなど、相手にストレスをかけることは避けましょう。

⑨本人の「現実」を知る

本人の「現実」を知って支援を行うには、チャンネルを合わせることが必要です。チャンネルが合っていない状態で支援を行ってもうまくいかず、互いにストレスを感じるだけです。認知症ケアでは、私たちの都合に相手が合わせるのではなく、私たちが相手に合わせるスタンスが欠かせません。本人が不穏になる場合などは、本人に合わせているか、その人の「現実」を理解しようとしているか、自分自身を振り返ることが大切です。

⑩介護や支援をする際は言行を一致させる

認知症ケアの基本は、介護や支援する際の私たちの言行を一致させることです。認知症を有していない人なら私たちの言行不一致に不満を訴えることもできますが、認知症を有する方はそれができず、ストレスを抱えるばかりです。介護する側が言行一致を常に心がける必要があるのです。

ただし、これらのポイントを押さえるだけで、ロジカルケア(事実受容支援)、ラテラルケア(現実肯定支援)、インテグレイティブケア(統合的支援)がすぐに実践できるということではありません。相手とコミュニケーションを図る中で、3つのメソッドのどれが適しているかを見極め、その人が本当に求める支援を探り当てていかねばなりません。認知症ケアにハウツーがないことは繰り返しお伝えしています。知識を得ただけでケアができるかといえばそうではなく、得た知識を携えた上で、認知症を有する方とぎこちないキャッチボールを繰り返しながら、その場その場の状況を整理していくことが認知症ケアの真髄です。

この10のポイントを押さえた上で、実践を通じたトレーニングを根気よく積み重ねていただきたいと思います。100点満点を目指す必要はありません。

よりよいケアを実現するための2つのパラダイムシフト

ここで説明した10のポイントは、あくまで「技法」「手段」であって、何のためにケアを行うか、どこに目標を定めるかという「成果」を常に念頭に置いておく必要があります。主従関係でいえば、成果が〝主〟で、10のポイントは〝従〟に過ぎないということです。

成果とは、いうまでもなく認知症を有する方の生活や人生に笑顔・安らぎを創造することです。ここにたどり着くために、本書では大きく分けて2つのパラダイムシフトを提示してきました。

1つが、「ロジカルケア（事実受容支援）」「ラテラルケア（現実肯定支援）」「インテグレイティブケア（統合的支援）」というコミュニケーション技法です。

まず適用すべきはロジカルケア（事実受容支援）ですが、相手の状況を知り、その場の納得を促すためにラテラルケア（現実肯定支援）や、あるいは両者を融合したインテグレイティブケア（統合的支援）を活用します。どのケアがよいかを見極める目を持つことが重要です。

そしてもう1つのパラダイムシフトが、自分たちが持つメンタルモデルに気づくこと。すなわち、私たちケアする側が、自らの思考や行動がメンタルモデルに基づいていることを認識しなければならないということです。前述のように、メンタルモデルとは個々人が内面化している思い込み、価値観、常識のことで、思考に至る前提としての潜在意識です。潜在意識はこれまでの経験によって生成されます。つまり、人は経験をもとにメンタルモデルを形成し、それに基づいて思考を生み出し、その思考に基づいて言動に移していくわけです。そして、この言動の先にあるものが成果として結実していきます。

このメンタルモデルを構成するものの代表が、第二章で説明したステレオタイプ、アンコンシャスバイアス、パターナリズムということです。

メンタルモデルから脱却するために意識を変える

改めてのおさらいとなりますが、ステレオタイプは〝こうあるべき〟とか〝こうでなければならない〟という思い込み、固定観念からなる先入観を指します。「食事は3食残さず食べなければならない」「ご飯は箸やスプーンを使って食べるべき」「寝るときは布団やベッドで寝なければならない」といったことがこれに当たります。

アンコンシャスバイアスは、自分では気づいていないモノの見方や捉え方の偏り、いわば無意識の偏見です。物事を迅速に判断する上で重要な働きがある一方で、意識的な判断を阻むことにもつながっています。例えば、「認知症だからわかりやすく説明しよう」という心の動きもアンコンシャスバイアスですが、一方で「認知症だから説明してもわからないだろう、自分では何もできないだろう」と考えてしまうのもアンコンシャスバイアスであるわけです。

こうした無意識の偏見が悪いほうに働くと、「食事を手で食べるのは行儀が悪い、恥ずかしい、汚い、衣服が汚れる、やけどをする」「ソファで寝るとよく眠れない、風邪を引いてしまう」「認知症だから意味不明なことを言っているのだろう、適当な対応をしても気づかないだろう」「高齢になると化粧はしなくてもよい」といったネガティブな判断・行動につながってしまいます。

パターナリズムは、専門職や権威者が、相手（特に弱い人など）の利益のためだとして、本人の意思や話にあまり耳を傾けずに一方的に自らの価値観に基づいて支援することです。認知症を有する方は記憶力や理解力が低下していて適切な判断ができないので、私たちケアする側がその方にとって不利益がないようにしてあげなければならないとの良心がもたらす現象です。前述したように、きちんとカロリー計算されたバランスのよい食事を毎日3食食べることが利用者の健康のためと、本人のこれまでの食事パターンや嗜好品を考慮せずに食事を提供するなどがパターナリズムにあたります。また、「規則正しい生活をサポートしないと自分たちの職務を果たせていないのではないか」と考えたり、あるいは自分たちがきちんとケアをしていないと思われるのではないかと恐れ、「本人が嫌がっても、日課として決められた曜日・時間に入浴させる」「本人が何か用事を思い出して席を離れようとしても、今から食事だからと着席を促す」「徘徊をして転倒や骨折をしてはいけないと思い、身体を拘束したり行動を抑制する」なども該当します。

ステレオタイプやアンコンシャスバイアス、パターナリズムのすべてを否定するわけではありませんが、これらが適切な認知症ケアを阻害する要因になり得ることを、私たちは理解しておかなければなりません。第二章で触れた、介護のよくあるセオリーに身を任せ、認知症を有する方の表情を見ないケアに堕してしまう危険があるということです。

行動を変えるためには、自分たちの意識を変えなければなりません。認知症を有する方が独特の世界観や文化を持っていることを認識し、その多様性を認めること。

これが認知症ケアを行う上で何よりも大切になってくるのです。

ダイバーシティ&インクルージョンに通じるケアの理念

無意識的な思考の偏りや思い込みがコミュニケーションに悪影響を及ぼす現象は、認知症ケアに限らず、現代社会のさまざまなシーンでみられます。

今、世の中ではグローバル化が進み、多様な人種や文化がお互いを認め合う社会がつくられようとしています。多様性を重視し、どんな人も取り残さずに寛容しようとする「ダイバーシティ&インクルージョン」という言葉も日常的に聞かれるようになりました。一方でそれらを阻むものとしてアンコンシャスバイアスも注目されるようになっており、世界的企業であるグーグルやスターバックスをはじめ、国内外を問わずさまざまな企業でアンコンシャスバイアスの存在に気づくための研修が行われています。

多言語や多文化、多人種が交わる中でお互いを尊重するために必要な考え方と、認知症ケアを同一に考えることにピンとこない方もいるかもしれません。確かにグローバルな交流の場合は相互に認め合う理解と努力が必要です。翻って、認知症ケアでは、認知症を有する方とその方たちをケアする人は相互に理解と努力を必要とする関係というよりは、ケアする側の強力な歩み寄りが求められ関係性は同一ではないかもしれません。

しかしながら、ケアする側がいかに認知症を有する方の「現実」を受け止め、懸命に生きる世界を理解し尊重するか。そのために自分の内にあるステレオタイプやアンコンシャスバイアス、パターナリズムに気づき、意識的に対応ができるか。そこがコミュニケーションの成立に大きく関わるという意味で、ダイバーシティ&インクルージョンと認知症ケアには通底するものがあると考えます。

ステレオタイプやアンコンシャスバイアス、パターナリズムといった思考のクセが、時に相手の尊厳を傷つけ、価値観を軽んじる行動に私たちを走らせます。この事実に気づいて、常に自らを戒めなければなりません。

気づきを得て小さな一歩を踏み出すことから少しずつ行動が変わり、ケアの結果も変わっていくはずです。

結果が変わることで、認知症を有する方の持つ可能性や生活機能の維持、穏やかな表情や笑顔といった成果に触れることができれば、介護する側のメンタルモデルが変わり、思考や言動も変わるでしょう。

ひいては認知症を有する方の可能性の拡大や穏やかな生活の創造につながります。

つまり、認知症ケアのよいスパイラルが生まれるということです。

「認知症パラダイス」の実現に向けて

テクノロジーによる非言語的コミュニケーション

私たちが掲げる「認知症パラダイス」とは、認知症を有しても一人の人として尊厳が守られ、自分の存在や言動が尊重され、可能な限り自由を謳歌できる場所のことです。

「あの人は認知症だから言ってもわからない」、あるいは「認知症だけど、ちゃんとしてもらわないと困る」といった周囲の思い込みや押し付けは、本人にとって自分を否定されることに他なりません。そうした苦しみから解放され、誰の目も気にすることなく素の自分で生きられる場所――。そんな場所を実現したいという願いが込められています。

そうしたパラダイスのような環境が実現できているかどうかは、認知症を有する方の表情や言動から推察するしかありません。ここでネックになるのが、その判断基準が今のところ介護する側の主観に委ねられている点です。認知症を有する方が笑顔であるか、安寧であるかについてはある程度の判断はできますが、まだ主観的なものから完全には抜け出せていません。見る人によって判断基準が異なることも考えられます。

そこで客観的な評価として活用が見込まれるのがテクノロジーです。実際、AIやIoTを活用した非言語的コミュニケーションの可能性が探求されており、例えば大阪大学の関谷《せきたに》毅《つよし》教授が研究開発したパッチ式脳波計は、薄いシート型のワイヤレス脳波センサーを額に貼るだけで簡単かつリアルタイムに脳の状態を可視化することができます。認知症の種類も7～8割わかるようになってきているそうで、これが普及すれば介護施設や地域のかかりつけ医院、家庭などで、認知症の簡易検査ができることになるでしょう。

さらに研究が進めば、認知症を有する方が今何を感じ、何を考えているかといったことまで、脳波を測定することである程度把握できるようになるかもしれません。そうした客観的評価ができれば、エビデンスに基づいたケアがしやすくなるでしょう。認知症ケアの現場だけでなく、自閉スペクトラム症の方への支援や緩和ケアなどの現場でも役立つと考えられ、テクノロジーを通じた非言語的コミュニケーションの実現は大いに待たれるところです。

医療やデジタル機器の進展は日進月歩で、介護の現場でも生活や活動を支援する技術、いわゆるアシスティブテクノロジーを試行的に取り入れるなど、さまざまな工夫を凝らしながら利用者のＱＯＬの向上を目指して取り組んでいます。科学的介護は今後の新たな介護のあり方として注目されているのです。

認知症ケアはサイエンスだけでは捉えきれない

医療分野ではエビデンスに基づく医療の提供が当たり前のものとして捉えられていますが、近年では介護の分野でも科学的裏づけに基づいたケアを提供することが推進されています。経験や勘に頼ったケアから脱却し、科学的裏づけのあるケアを提供することは、介護需要の拡大に備え、持続可能な介護体制を構築することにも寄与すると考えられます。

そして、こうした科学的裏づけに基づいた介護の拡大に当たっては、膨大なデータの収集・分析が必要となります。特に身体的ケアにおいては科学的根拠が伴わなければ介護の質が担保されず、成果も不適切で曖昧となり、介護職としての専門性が危ぶまれることになります。

一方、私たちが考える認知症ケア、すなわち本書で提案している新メソッドは、身体的ケアとは違い、サイエンス（科学的根拠）に基づかないものがあります。なぜなら、認知症は種類が同じでも人によって症状が異なり、特に周辺症状については本人特有のパーソナルな思考や文化、風土、風習、習慣、クセなどが組み込まれた生活歴、さらにはその人の身体機能などが加わって出現するからです。

例えば徘徊という症状ひとつとっても、その理由や背景は個々人で違います。徘徊を「止める」ことが支援の成果とされているならば、行動を抑える薬を飲んででもらって歩けないようにする方法が成り立つかもしれませんが、そもそも徘徊そのものを止めるべきかどうかということもその人その人によって違うはずです。徘徊に対する支援のアプローチは、この人はなぜ徘徊をしているのかという理由を探り、その理由に対してサポートをしていくことです。このアプローチ方法はさまざま考えられるわけで、絶対にこれが正しいという根拠は示せないのです。

認知症ケアもサイエンスに基づくことは大切ですが、一方で個別の状況が加味された言動に対応していくには、やはり個別のケアが求められて当然です。こうしたことから、認知症ケアのすべてをサイエンスに基づいて説明することは無理があるのではないかというのが私の実感です。

認知症ケアで問われるのはアート的創造力

このように考えると、認知症ケアは、サイエンスとアートを融合させたものであるとみなすことができるでしょう。

サイエンスとしてのエビデンスを理解しておくことに加え、相手へのコンタクトの仕方やコネクションのあり方を工夫しつつ、認知症を有する方の意思という「形のないもの」を、その方の生活や人生という「形あるもの」へと具現化していく――、すなわち「見えないものを可視化する」というアートの技法が認知症ケアでは問われると思うのです。

アートには、その場その場に応じて状況を察する力、状況に応じて機転を利かす力などがあり、そうした力こそが認知症ケアに不可欠なのです。また、相手の状況から自分の立ち位置や距離を変えていくためには、相手軸で物事を見ること、すなわち人間学としての利他の心が必要です。「今、このときをどう成立させるか、どうつくり上げていくか」ということが求められる認知症ケアにおいて大変重要で欠かせないスキルなのです。

本書で紹介した事例を見ても明らかな通り、ケアの内容は人それぞれです。一人ひとりが生きてこられた道のり、病気が出現させる症状、またその場のケアをどう組み合わせたら、今の状態を少しでも快適にできるか、そこで問われるのはまさにアート的創造力に他ならないのです。

認知症を有する方とそれに関わるすべての人が、認知症を有する方の生活や人生をともに創造していく。その行為そのものが認知症ケアだということを、ぜひ皆さんに知っていただきたいと思います。

生命を守り、生活を愉しみ、人生を豊かにする

「医学はサイエンスでありアートである」という考え方は、米国などの一部の医療機関ではすでに聞かれるようになりましたが、まだまだ世間では、特に日本社会では馴染んでいません。サイエンスとアートでは、サイエンスのほうが上位概念であるとする人もいます。しかし、どちらが上位でどちらが下位ということはなく、あくまで価値は対等です。

認知症という複雑かつパーソナルな症状に向き合うためには、アートとサイエンスという異なる専門性を高いレベルで統合し、認知症を有する方そのものを包括的に捉える必要があります。医療と介護で一線を引くのではなく、医療分野は積極的にアート的側面を意識し、介護分野はサイエンスをより意識していくことで、両者のよりよい連携が実現するのではないでしょうか。

そして、最終的には介護と医療を一体的に提供できるようにすることで、認知症パラダイスへの道筋が見えてくるはずです。

認知症を有する方がストレスや苦痛を感じることなく、その状況に応じて自立した穏やかな生活が送ることができ、そして介護者のストレスの軽減にもつながるケアの実現に向けて、今自分は何ができるのか。認知症を有する方の「生命を守り、生活を愉しみ、人生を豊かにする」ためのライフステージをいかに創造していくか――。

認知症を有する方も、支援する方も、ともに幸福になれる認知症ケアは、こうした課題を真剣に考えることからスタートするのです。

おわりに

私たちに新しいケアの気づきを与えてくれた山本珠江（仮名）さんは、今はほぼ寝たきりの状態となっています。もう手づかみでご飯を食べる姿も見られなくなってしまいました。けれども食欲は落ちていません。介護スタッフが食事をスプーンで差し出すと口を開け、食べ物が口に入るとよく咀嚼し、ゴクンとしっかり飲み込みます。また、こちらの言っていることをわかっておられるかどうかは定かではないのですが、声かけにうなずいたり、表情を緩めたりする様子も見られます。

箸やスプーンを使うことを忘れ、手で食べることができなくなっても、食べるという行為自体は決して忘れていませんし、言葉のやりとりはなくても「みんなの輪の中に自分もいる」という深い安心感に包まれているのです。この穏やかな生活の中に、本能に根差した生きる喜びがあふれているように思えてなりません。

認知症になったことで、社会から押し付けられた規範やしがらみから解き放たれた、純粋な生命力のきらめきを見る思いです。こうした姿に敬意を表するとともに、私たちもまた活力と気力をもらいます。この相互の響き合いが認知症ケアの醍醐味

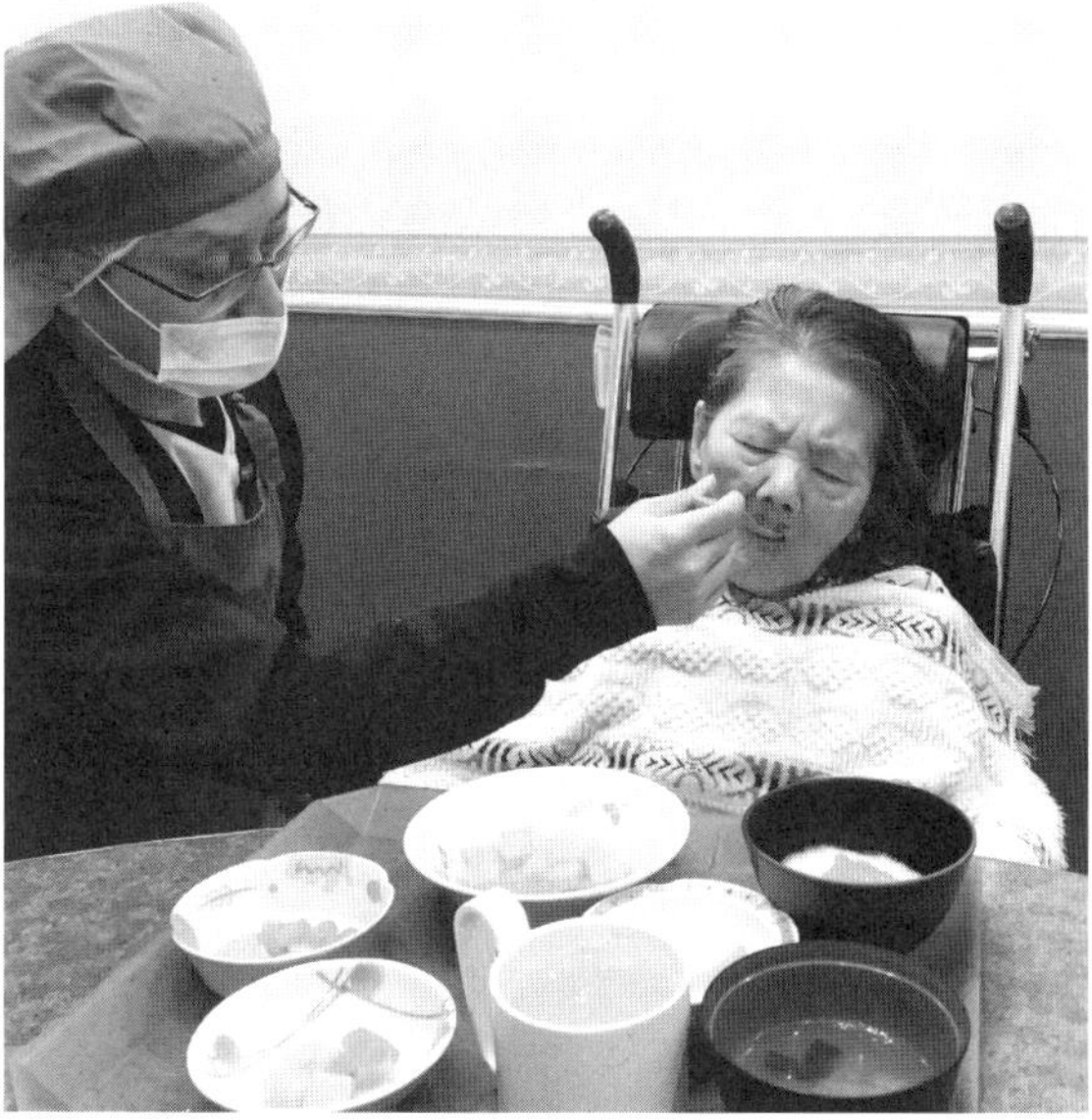

山本さんの生命力のきらめきは介護する側にも活力と気力を与えてくれる

なのでしょう。

最後に、認知症を有する方を介護するご家族、そして介護のプロの方へ、私からのメッセージをしたためて、この本を締めくくりたいと思います。


まずご家族の方へは、随所で述べている通り、くれぐれも介護を一人で、あるいは身内だけで抱え込まないでほしいと思います。

家族だからこそできる素晴らしいケアもあるのですが、あまり負担が大きすぎると長続きできず、認知症を有する方もご家族もストレスを溜め込んでしまい、負のスパイラルに陥ってしまいます。

本書の事例でも、ご家族による在宅ケアの限界を超えたところに私たちの出番があったと感じています。「もう限界だ」「しんどい」「どうすればよいのかわからない」となる前に、私たちのような専門家を頼っていただくことが、やはり重要だと思うのです。困ったことは声に出して知らせてください。

また、専門家と連携する際には、ぜひご家族の力を貸してください。認知症を有する方の性格や生活習慣、生活歴など、ご家族にしかわからないことは多くあります。そして、それらはよりよいケアのために必要な情報なのです。

さらに、認知症の方自身やそのご家族が専門家や地域住民と情報を共有したり、相互の思いや悩みを理解し合う「認知症カフェ」や「公益社団法人認知症の人と家族の会」も全国に支部があり、認知症の相談や集いなどを行っています。これら以外にも私たちが行っている認知症家族の会「グリーンオアシスの会」のようなものもさまざまなところで開催されていますので、同じ悩みや迷いを持った方と時間をともにし、思いを共有したり交流したりすることも大切にしてください。ご家族の胸の内にあるものを表に出したり、自身の状況が少しでも冷静に見えるような場面をつくったりすることでストレスも多少は和らぐことでしょう。

いずれにしても本人、家族、そして専門職の三者がともに手を携えて、認知症を有する方の生活や人生を創り上げていく。そのプロセスが認知症ケアであることを、どうかご理解ください。

プロの介護職の方には、ぜひご自分の仕事に誇りと未来への展望を持ってほしいと思います。

介護はエビデンスを掲げる医療に比べると軽視される傾向がありますが、介護の現場ではエビデンスでは測れないことをその場その場で機転を利かせて対応しており、それは医療とはまた異なる高度なスキルといえます。そんな思いから、私は豊泉家グループ内の社会福祉法人の理事長という立場ではあるものの、豊泉家の介護スタッフの皆さんに心から尊敬の念を抱いているのです。

自分たちの仕事をこのようにいうのは手前味噌ですが、私は介護職というものを、人生の大先輩、すなわち認知症を有する方をはじめ、多くの高齢者の方からたくさんのことを教えてもらえるとても尊い仕事だと思っています。また、介護という仕事は肉体労働であり知的労働であり感情労働でもあるという、自らのすべてを使って取り組む大変な仕事であるとも思っています。そして、「大変」とは「大きく変わること」であり、大変であればあるだけ自分の成長が感じられるはずだと強く信じています。

高齢者や認知症を有する方がこれからますます増える状況で、介護職の存在感や重要性はいっそう高まっていくことでしょう。そうした実情に照らして、介護職の社会的評価も高まり、介護という仕事のステータスもさらに上がっていってほしいと思いますし、何より介護職の方々自身が仕事に誇りを持ち、将来へ向けて無限の可能性を見いだしてほしいと願っています。

本書を読んだことで、認知症ケアの第一線におられるご家族や専門職の方々のたった一人でも、ヒントが得られた、気持ちが楽になった、支援方法が見えたと思ってくださったら、それだけで出版した価値があると思います。

認知症ケアはこれという絶対的な正解のない「n＝1」を積み上げ続けなければなりません。また、感性が問われる仕事です。そして、感性とは習得するものでなく、自ら磨き上げていくものです。よりよい認知症ケアを求めて、私自身はもちろん、豊泉家の介護スタッフも、地道なケアの実践を続けながら感性を磨き続けていきたいと考えています。

一人でも多くの認知症を有する方が穏やかに暮らせる、そんな認知症パラダイスの実現を目指して――。

2023年3月

阿久根賢一

豊泉家ヘルスケアグループ

社会福祉法人 福祥福祉会のご紹介

●理念

基本理念 コミュニティケア「自立・自由度の高い福祉で社会に貢献する」

行動指針 「自立と自由の家」

自立　個客の自立を助け尊厳を重んじる

自由　個客に見合ったサービスの提供と選択の自由

家　　個客のプライバシーの保護と家族や知人たちが集える家

ミッション 家縁・健康社会づくり～生命を守り、生活を愉しみ、人生を豊かにする。～

●法人概要

所在地……大阪府豊中市北緑丘2丁目9番5号

ＴＥＬ　06-6152-1233

ＦＡＸ　06-6152-1211

設立……1998年3月30日

●豊泉家ヘルスケアグループのご紹介

・一般財団法人 ＳＦ豊泉家

所在地……大阪府豊中市中桜塚3丁目2番1号　豊泉家ランドマークタワー

・社会福祉法人 福祥福祉会　・社会福祉法人 天森誠和会

・医療法人 成和会　・医療法人 博友会

・ＮＰＯ法人 ＳＧ博友会　・一般社団法人 日本棒サッカー協会

・Lighthouse Health, Inc.（米国ニューヨーク）

豊泉家

ASSISTED LIVING HOMES & COMMUNITIES

●ホームページ

https://www.housenka.com（一般財団法人SF豊泉家）
https://www.sf-fukusho.org（社会福祉法人福祥福祉会）

●お問い合わせ

・入居や利用に関すること、認知症ケアに関すること

介護でお困りのことなどありましたら、まずはご相談ください。
豊泉家C・I・Sセンター
TEL 0120-294-998（ラクシのキュウキュウハ）／e-mail：cis@e-housenka.com

・採用に関すること

認知症ケアを一緒に実践していきたい仲間を募集しています。
人財創造本部
TEL 0120-260-314（フェローサイヨウ）／e-mail：zinzai@e-housenka.com

・認知症ケアコンサルティングに関すること

認知症ケアメソッドの導入を検討されている事業者の方はこちらまで。
法人本部
TEL 06-6852-3908（直通ダイヤル）／e-mail：sf-fukusho@e-housenka.com

●前著『認知症イノベーション』解説動画

前著『認知症イノベーション ～一人ひとりの〝パラダイス〟を創造するケアメソッド～』のポイントが10分でわかる動画を配信しています。下記の二次元コードからご視聴いただけます。

認知症パラダイムシフト

～究極の「n=1」を創造するケアメソッド～

2023年3月31日　第1刷発行

著　者　阿久根賢一
発行者　鈴木勝彦
発行所　株式会社プレジデント社
〒102-8641
東京都千代田区平河町2-16-1 平河町森タワー13階
https://www.president.co.jp/
電話　編集03-3237-3733
販売 03-3237-3731
販　売　桂木栄一、高橋 徹、川井田美景、森田 巌
末吉秀樹、榛村光哲

構　成　金子芳恵
装　丁　鈴木美里
イラスト　菅沼遼平
校　正　株式会社ヴェリタ
制　作　関 結香
編　集　金久保 徹、桑原奈穂子

印刷・製本　大日本印刷株式会社

ISBN978-4-8334-5219-9
Printed in Japan